KARMA E REENCARNAÇÃO

Paramhansa Yogananda

KARMA E REENCARNAÇÃO

A Sabedoria de Yogananda

Tradução:
GILSON CÉSAR CARDOSO DE SOUSA

Editora Pensamento
SÃO PAULO

Título original: *Karma & Reincarnation.*

Publicado originalmente por Crystal Clarity Publishers.
14618 Tyler Foote Road, Nevada City, California 95959; tel.: 530-478-7600;
www.crystalclarity.com.

Texto de acordo com as novas regras ortográficas da língua portuguesa.

1ª edição 2009.
5ª reimpressão 2020.

Dados Internacionais de Catalogação na Publicação (CIP)
(Câmara Brasileira do Livro, SP, Brasil)

Yogananda, Paramhansa, 1893-1952.
Karma e reencarnação : a sabedoria de Yogananda / Paramhansa Yogananda ; tradução Gilson César Cardoso de Sousa. — São Paulo : Pensamento, 2009.

Título original: Karma and reincarnation.
ISBN 978-85-315-1569-9

1. Carma 2. Morte 3. Reencarnação 4. Self - Realization Fellowship 5. Vida espiritual - Hinduísmo I. Título.

09-02608 CDD-294.523

Índices para catálogo sistemático:
1. Karma e reencarnação : Aspectos religiosos : Hinduísmo 294.523

Direitos de tradução para o Brasil
adquiridos com exclusividade pela
EDITORA PENSAMENTO-CULTRIX LTDA.
Rua Dr. Mário Vicente, 368 — 04270-000 — São Paulo, SP
Fone: (11) 2066-9000
E-mail: atendimento@editorapensamento.com.br http://
www.editorapensamento.com.br
que se reserva a propriedade literária desta tradução.
Foi feito o depósito legal.

Sumário

Nota do Editor

Prezado Leitor:

Karma, morte e reencarnação são assuntos fascinantes para muitas pessoas. Quanto mais os entendemos, mais rica e significativa a vida se torna para nós. Neste livro, você lerá as palavras de Paramhansa Yogananda, o grande mestre de yoga que escreveu, não com base em especulações, mas a partir de sua percepção íntima da verdade.

Yogananda tem ensinamentos que inspirarão sua vida e iluminarão seu caminho espiritual.

Paramhansa Yogananda chegou aos Estados Unidos, vindo da Índia, em 1920 e trouxe para o Ocidente as lições e técnicas do yoga, a antiga ciência do despertar da alma. Foi o primeiro mestre de yoga a estabelecer-se no Ocidente e sua *Autobiography of a Yogi* tornou-se, no gênero biográfico, o maior *best-seller* de todos os tempos, fascinando os ocidentais com a sabedoria espiritual do Oriente.

O yoga é a antiga ciência que redireciona as energias da pessoa para seu mundo interior a fim de produzir o despertar espiritual. Além de transmitir aos americanos as técnicas mais práticas e eficientes de meditação, Yogananda mostrou-lhes como esses princípios podem ser aplicados a todos os setores da vida. Foi escritor prolífico, conferencista e compositor. Morou nos Estados Unidos 32 anos, até sua morte em 1952.

Os artigos incluídos neste livro provêm de diversas fontes: lições que redigiu nos anos 1920 e 1930; artigos publicados nas revistas *Inner Culture* e *East West* antes de 1943; a edição de 1946 de *Autobiography of a Yogi*; sua interpretação original do *Rubaiyat* de Omar Khayyam, editada por Swami Kriyananda; e notas tomadas por este último ao longo dos anos em que conviveu com Yogananda como discípulo próximo.

Nosso objetivo, aqui, é permitir que o espírito do Mestre se expresse por si mesmo, com um mínimo de interferência do editor. Vez por outra algumas frases redundantes no presente contexto foram eliminadas. Em certas passagens, alteramos palavras e sinais de pontuação para deixar mais claro o significado. Boa parte do que aqui foi incluído não se acha disponível em outras publicações.

Possam as palavras de Yogananda sobre um tema tão importante trazer ao leitor entendimento, consolo e inspiração.

KARMA E REENCARNAÇÃO

CAPÍTULO 1

A lei do karma

Que é karma?

Se aceitarmos o princípio de causa e efeito na Natureza, e de ação e reação na física, não será lógico deduzir que essa lei natural se estende igualmente aos seres humanos? Uma vez entendida a consciência como fundamental em todas as coisas, a pergunta se impõe: "Os homens não pertencem também à ordem natural?"

Eis a lei do karma: aquilo que você semear, colherá.* Se semear o mal, colherá o mal sob a forma de so-

*Não vos enganeis, porque de Deus não se zomba; aquilo que o homem semear, colherá." (Gálatas, 6:7.)

frimento. E se semear o bem, colherá o bem sob a forma de alegria interior.

Para entender o karma, você deve considerar que os pensamentos são coisas. O próprio universo, no final das contas, é composto por consciência e não por matéria. Esta responde, embora a maioria das pessoas não o perceba, ao poder do pensamento. A força de vontade direciona a energia e a energia, por seu turno, afeta a matéria. Na verdade, matéria *é* energia.

Toda ação, todo pensamento colhe sua própria recompensa correspondente.

O sofrimento humano não é um sinal da cólera de Deus ou da Natureza contra a humanidade. É, antes, a marca da ignorância da lei divina por parte dos homens.

Essa lei nunca falha em sua aplicação.

A alma é livre

As almas foram "feitas" à imagem e semelhança de Deus. Nem o pecador mais empedernido pode ser condenado para sempre. Causas finitas não geram efeitos infinitos. Por uso inadequado de seu livre-arbítrio, o homem talvez se julgue mau; mas, no íntimo, é uma criatura de Deus. O filho de um rei pode, sob a influência do álcool ou de um pesadelo, julgar-se mendigo; todavia, quando se recupera do estado de intoxicação ou acorda, constata que se iludiu. A alma perfeita, sempre livre de pecado, acaba por despertar em Deus quando recorda sua natureza real, eternamente virtuosa.

O homem, feito à imagem de Deus, só se ilude por pouco tempo. Esse engano passageiro o induz a julgar-se mortal. E, na medida em que se identifica com a mortalidade, ele sofre.

O equívoco da mortalidade, cultivado pela alma, às vezes se estende a várias encarnações. Contudo, graças ao esforço pessoal – sempre influenciado pela lei divina –, o Filho Pródigo aguça o tirocínio, recorda sua morada em Deus e obtém a sabedoria. Pela iluminação, a alma desgarrada evoca sua imagem eternamente divina e se reúne à consciência cósmica. Então o Pai lhe serve o "gordo bezerro" da imorredoura bênção e sabedoria, libertando-a para sempre.

A ilusão é passageira

O homem pode usar equivocadamente seu livre-arbítrio por algum tempo, considerando-se mortal, mas essa ilusão passageira nunca conseguirá apagar em seu íntimo a marca da imortalidade e a imagem divina da perfeição. A morte prematura de uma criança talvez não lhe haja permitido usar seu livre-arbítrio para a virtude ou para o vício. Mas a Natureza trará sua alma de volta à Terra, dando-lhe a oportunidade de usar o livre-arbítrio a fim de redimir o karma passado, que a fez morrer tão jovem, e praticar as boas ações que propiciam a libertação.

Se uma alma imortal não conseguiu, ao longo de uma existência, eliminar as ilusões que a subjugam, precisa de mais períodos de aprendizado para tomar conhecimento de sua imortalidade inata. Só então poderá retornar ao estado de consciência cósmica. As almas comuns reencarnam compelidas por seus desejos mundanos; as almas superiores, ao contrário, apenas em parte vêm à Terra para cumprir o karma, pois seu principal objetivo é atuar como filhos nobres de Deus e apontar às criaturas perdidas o caminho para a morada celeste do Pai.

Convite a uma morada corpórea

Quando bons pais se unem fisicamente, geram uma pura luz astral oriunda da mescla das correntes positivas e negativas que fluem da base de suas espinhas e órgãos sexuais. Essa luz é um convite para as almas virtuosas, com vibrações compatíveis no mundo astral, serem fisicamente concebidas graças à união do espermatozoide e do óvulo. Quando a alma entra, o embrião se forma e o corpo vai aos poucos sendo preparado para o nascimento.

Almas com mau karma têm de entrar no corpo de mães ruins. Quando maus pais se unem fisicamente, geram uma luz difusa, impura, na base da espinha, o que é um convite às almas atormentadas por um karma negativo.

O semelhante atrai o semelhante. Almas com karma ruim nascem no seio de famílias ruins; almas com karma bom nascem no seio de famílias boas. Famílias ruins e boas atraem almas de acordo com o magnetismo de suas predisposições interiores. Portanto, famílias ruins atraem almas com karma negativo e famílias boas recebem almas virtuosas. A atração se baseia em aversões e gostos mútuos. Entidades perversas têm afinidade com famílias predispostas ao mal, enquanto almas boas se sentem atraídas por famílias que cultivam a virtude.

As pessoas com mais oportunidades na vida devido a seu karma positivo devem ajudar as que nada conseguem, do contrário também elas desenvolverão um karma ruim. O egoísmo é um sentimento espiritualmente degradante e acaba por tornar a pessoa infeliz.

Deus não é um tirano celeste que julga os homens por suas ações. As sentenças do tribunal cósmico se baseiam na lei de causa e efeito kármica – e são sempre justas.

A divina lei da harmonia produz um equilíbrio natural. Quando uma alma atenta contra esse equilíbrio, fere a si mesma. Por exemplo, se você mergulha a mão em água fria, a sensação é agradável; mas, se a aproxima do fogo, o próprio calor da chama o adverte de que pode se queimar. O fogo não quer lhe causar dor nem a água procura intencionalmente lhe proporcionar uma sensação agradável. A responsabilidade pela queimadura é de quem põe a mão no fogo. E a responsabilidade pela sensação agradável é de quem mergulha a mão na água fria. Fogo e água, calor e frio são parte do estado geral do universo, com o qual é nosso dever estar sempre em harmonia.

NÓS MESMOS NOS PUNIMOS

Vivendo de maneira errada, criamos um inferno físico e mental pior que aquele que as pessoas vingativas imaginam para seus desafetos após a morte. Vivendo de maneira correta, criamos dentro de nós um lugar ainda mais aprazível que o paraíso que imaginamos para nós mesmos depois de morrer.

O homem, preso à ilusão, atribui ao Deus amantíssimo um espírito rancoroso que engendra infernos e purgatórios. Deus, em sua infinita bondade, está sempre conclamando as almas a voltar a Seu eterno reino de Bem-aventurança. Mas as almas, fazendo mau uso da liberdade que o Pai lhes concedeu, afastam-se Dele e caem prisioneiras do sofrimento, punindo a si mesmas por obra de seus próprios erros.

A ideia de um paraíso eterno é verdadeira, embora os homens a concebam de maneira muito limitada. Fomos feitos à imagem e semelhança de Deus e, ao término de uma longa série de encarnações – após vaguear demoradamente, movidos por desejos materiais –, encontraremos o Pai celestial à nossa espera. Seus filhos pródigos serão então abençoados com uma felicidade imorredoura e sempre renovada. Todavia, a ideia de uma danação eterna para almas feitas à imagem de Deus é insustentável; deveria ser banida de vez como fruto da mente supersticiosa do homem.

Bom karma

A vida é como um filme excitante, onde precisa haver um vilão para aprendermos a amar o mocinho. Entretanto, se você imitar os atos do vilão, será punido como ele. Tudo é sonho; mas pergunte-se: "Por que ter um pesadelo à força de acumular um karma negativo?" Com um karma bom, poderá gozar o sonho. O bom karma também o induz a querer despertar a tempo do pesadelo. O mau karma, por outro lado, anuvia a mente e a mantém presa ao processo onírico.

Do cume de uma montanha, vemos claramente o panorama embaixo e, no alto, também o céu. Estando ali, é natural desejarmos voar ainda mais para cima, para bem longe da Terra. No vale nevoento aos nossos pés, porém, o máximo a que aspiramos é subir um pouquinho mais.

MAU KARMA E "INFERNO"

O Pai Celestial jamais enviaria seus filhos para o suplício eterno, em paga dos erros cometidos durante sua breve passagem pela Terra. Quando usamos mal a liberdade que Ele nos concedeu, temos de arcar com as consequências materiais de nossas *próprias* ações equivocadas. Recompensamo-nos ou punimo-nos por nosso karma positivo ou nossos atos iníquos.

As pessoas que agem mal fomentam tendências perniciosas, que ficam no cérebro à espera de provocar agudos sofrimentos no devido tempo. Essas tendências ocultas, causadoras de angústias – ou "infernos" – são levadas para o mundo astral, após a morte, pela alma dotada de um mau karma. As almas, no estado de pós-morte, não têm sensações físicas e não poderiam, por isso, ser queimadas pelo fogo material. Entretanto, as almas com um mau karma sofrem agonias mentais piores que queimaduras.

A palavra inglesa *hell* (inferno) vem da raiz anglo-saxônica *helan*, que significa "esconder". O termo grego é *helios*, "sol" ou "fogo". Portanto, a expressão "fogo do inferno" é bastante apropriada para descrever as chamas escondidas da agonia que as tendências armazenadas podem produzir na vida terrena ou no mundo astral. O assassino queima por causa de sua consciência pesada, quando acordado, e por causa do terror subconsciente, quando dormindo, e sofre males sem conta no estado onírico da morte.

Um pai bondoso nunca deixaria queimar eternamente uma alma feita à sua própria imagem. A ideia do castigo perpétuo é ilógica. A alma sempre terá sido feita à imagem de Deus. Nem mesmo milhões de anos de pecado mudarão a essência de seu caráter divino. O rancor impiedoso dos homens contra as más ações de seus irmãos é que engendrou a concepção absurda do fogo eterno.

Minha experiência com um adepto ortodoxo da ideia do inferno

Certa feita conheci um velho que morava perto de Seattle. Eu me demorara um pouco nas vizinhanças, inspirado por aquela imensidão divina. Esgotada a inspiração, senti fome e dirigi-me à casa de fazenda daquele velho, para comprar frutas. O homem, de faces rosadas, parecia muito feliz e mostrou-se bastante hospitaleiro. Veio-me então um arroubo divino e eu lhe disse: "Amigo, você parece contente, mas há um sofrimento oculto em você." Ele perguntou: "O senhor é um adivinho?" "Não", respondi, "mas ensino às pessoas como melhorar sua sorte."

O velho disse então: "Todos somos pecadores. Deus queimará nossas almas no fogo e no enxofre do inferno."

Repliquei: "Como pode um homem, perdendo seu corpo na morte e tornando-se alma invisível, ser consumido por labaredas geradas por enxofre material?" O velho me surpreendeu repetindo colericamente: "Nós sem dúvida nenhuma arderemos nas chamas do inferno." Ponderei: "Você recebeu um telegrama de Deus, dizendo que nos queimará a todos?" O homem ficou ainda mais agitado.

A fim de tranquilizá-lo, mudei de assunto e perguntei: "Que me diz do sofrimento que seu filho rebelde lhe causa?" Ele ficou espantado com minhas palavras e confessou que, de fato, não conseguia corrigir o rapaz, a seu ver um caso perdido. Essa dor permanecia como um fogo aceso no fundo de sua mente.

Declarei: "Tenho um remédio infalível para essa situação." Os olhos do velho brilharam de alegria e ele sorriu. Então eu, assumindo ares de quem iria revelar um grande segredo, sussurrei-lhe: "Você tem um forno bem grande, com uma grelha?"

"Sim, mas para quê?", admirou-se ele. E em seguida, desconfiado: "Que pretende fazer?"

"Não se preocupe", tranquilizei-o. "O que estou propondo irá acabar de vez com suas angústias."

Um tanto aliviado, o homem assentiu: "Vá em frente."

"Então", prossegui, "aqueça ao máximo o forno e a grelha. Tem por aí uma corda forte e dois amigos de confiança que nada lhe censurarão?" Ele perguntou de novo: "Sim, mas para quê?" Continuei: "Traga seu filho aqui. Com a ajuda dos amigos, amarre os pés e as mãos dele e ponha-o no forno em brasa."

O velhote ficou furioso! Apontando-me o dedo, esbravejou: "Seu desgraçado! Quem já ouviu falar de um pai que assa seus filhos, por piores que sejam?"

Respondi então, suavemente: "É o que eu lhe queria dizer. Onde você, um simples mortal, foi buscar esse instinto de amor a não ser junto ao Pai Divino? Nem um pai humano pode acalentar o pensamento cruel de queimar vivo seu próprio filho para ficar livre de preocupações. Como chega então a pensar que o Pai Divino, muito mais amoroso que você – criador, mesmo, do afeto paterno –, irá mergulhar Seus filhos no fogo e no enxofre?"

Os olhos do velho se encheram de lágrimas de arrependimento e ele disse: "Percebo agora que o Pai Celestial é um Deus de amor!"

Nós nos punimos pela prática de más ações e nos recompensamos pelo bem que fazemos.

O pecado não modifica a alma. Feitos que somos à imagem e semelhança de Deus, às vezes nos perdemos na selva de um ambiente adverso durante algum tempo; mas os pecados, por mais numerosos que sejam, não podem alterar nossa natureza divina e eterna. O pecado é uma crosta que esconde a alma perfeita, semelhante a Deus. Quando essa crosta é dissolvida pelo ato de meditar, a perfeição da alma vem finalmente à tona.

DEUS QUER NOS AJUDAR

Quando Deus nota que uma alma, pelo uso incorreto do livre-arbítrio e por influência de más companhias, perdeu-se na floresta do egoísmo, fica muitíssimo preocupado com ela e manda-lhe ajuda espiritual para trazê-la de volta a Seu aprisco de vida divina e virtuosa. Faz com que as almas reencarnem em lugares onde possam redimir seus karmas e libertar-se pela meditação, pela sabedoria. Todas as almas da Terra pertencem ao aprisco do Senhor. O Pastor Invisível sempre vela pela segurança delas.

CAPÍTULO 2

Como enfrentar seu karma*

*Do *Rubaiyat of Omar Khayyam Explained by Paramhansa Yogananda*, org. por J. Donald Walters.

A VIDA É UM JOGO

A alternância dos dias e das noites neste planeta que gira perpetuamente e a alternância das dores e das alegrias na vida das pessoas são como um tabuleiro de xadrez de múltiplas dimensões. As regras do jogo foram instituídas pelo karma, a lei de causa e efeito. O karma reúne os amigos perdidos na noite escura da morte. O karma reenvia as almas ao mundo astral, uma vez expirado seu prazo na Terra.

Assim como as peças capturadas do xadrez são removidas e postas numa caixa, assim o Destino, ao retirar pessoas do "tabuleiro" da vida, coloca-as num "armário" secreto, ou local de repouso, no outro mundo.

Observe os altos e baixos da vida com mente serena. A vida exterior não passa de um jogo. Considere suas vitórias e derrotas com isenção de ânimo, como se estivesse assistindo a um filme. Depois de apreciar um belo drama, ou até um drama trágico, você não se contém: "Que ótima história! Aprendi muito com ela." De igual modo, mesmo depois de amargar acontecimentos trágicos em sua vida, diga a si próprio: "Sou grato a essa experiência, que me ensinou muita coisa!"

A vida precisa de variedade para ser interessante. Se um romance nos faz rir ou chorar, nós o apreciamos. Encare a vida como um bom romance ou um bom filme. Distancie-se um pouco dele mentalmente, contemple-o em perspectiva. Caso não goste do enredo, lembre-se: quanto mais livre você for por dentro, maior será sua capacidade de modificá-lo.

O karma governa. Mas quem o pôs em movimento? Nós!

Tudo o que fizemos no passado, podemos desfazer. Precisamos apenas da correta determinação, nascida de nossa liberdade cada vez mais ampla.

As pessoas gostam de jogos como o xadrez, aceitando com maior ou menor resignação vitórias e derrotas. No mesmo espírito, gostemos da vida, quer ela nos dê sucessos ou fracassos. Vivamos com serenidade, com senso de gratidão. Assim, festejemos o reencontro com os amigos verdadeiros – depois de sabe-se lá quantas reencarnações! E aceitemos com tranquila confiança nossa próxima partida após a morte.

Sim, a vida é um jogo. Interesse-se por ele, mas permaneça sempre um pouco distanciado. Que nada o afete interiormente. Aconteça o que acontecer, saiba que nada é de fato real. Não faça como aquela pessoa que, exultando após uma vitória no xadrez, morreu de enfarte!

Mesmo em pleno sofrimento, mesmo durante a inexorável descida de seu corpo para a velhice, mantenha uma atitude jovial. As casas pretas do tabuleiro de xadrez se alternam com as brancas. Assim também, as sombras de sua vida se alternam com a luz, as tristezas com a alegria, o fracasso com o sucesso. Mudança e contraste são inevitáveis, tornando possível o grande jogo. Encare-os desapaixonadamente e não permita que definam quem você é por dentro.

O KARMA É DE RESPONSABILIDADE NOSSA

A alma do homem não está predestinada nem ao bem nem ao mal. Embora vício e virtude pareçam inatos, toda tendência humana é autoadquirida nesta ou em vidas anteriores. Resulta da escolha individual.

Racionalizar os próprios erros com frases do tipo "Sou mau porque meu karma assim o quer" ou "Satã me domina; a culpa é *dele*, não minha" significa aderir a um raciocínio arriscado. Infelizmente, muitas pessoas escolhem essa linha de argumentação. Esperam que em algum lugar, oculta no vasto repositório de suas experiências passadas, esconda-se uma desculpa qualquer: um pecado antigo, cometido não *por* elas, mas *contra* elas, uma influência ante cujo poder nada mais foram que vítimas.

Hoje, com a psicanálise despertando fascínio em toda parte, as pessoas são condicionadas a atribuir seus problemas ao modo como os outros as tratam – crueldade ou indiferença dos pais, professores, sociedade, qualquer coisa enfim que as impeça de assumir corajosamente a necessidade de aperfeiçoar-se.

É mero subterfúgio da parte do ego declarar-se incapaz de vencer as dificuldades. As verdadeiras raízes de nossos problemas somem de vista em nosso subconsciente. *Nós mesmos* as plantamos na origem, por causa das más ações cometidas no passado. Hoje, quando alguém nos faz mal, é a ele que acusamos por nosso sofrimento. Nunca metemos na cabeça que, de alguma maneira, fomos *nós* que atraímos esse sofrimento. Se a "sorte" se volta contra nós, a culpa é de alguém ou alguma coisa, nunca *nossa*. No entanto somos nós, pelo magnetismo emanado do nosso próprio karma, que promovemos esse comportamento prejudicial ou essa "sorte miserável".

Qualquer circunstância da vida, qualquer característica e qualquer hábito (por mais que o repudiemos), nós mesmos os criamos, recentemente ou no passado distante. Devem-se ao mau uso do livre-arbítrio com que Deus nos dotou.

Ele nos deu liberdade para voltar ao Seu seio, caso o queiramos, ou para deixar nossa vida à mercê dos gozos fúteis dos sentidos. Dele, fonte única da vida, emanam a força e a bondade. Se nossa energia vital escorre continuamente, alienando-se da Fonte Divina interior, acaba se embebendo num deserto. Nas areias secas da consciência material, seu fluxo penetra e desaparece.

Não acuse ninguém pelos males que o afligem. Aceite a responsabilidade por sua própria vida e pelas desventuras que acaso venha a encontrar. Procure fazer o melhor, resolutamente, e elimine as tendências perniciosas de sua própria natureza.

Acima de tudo, regresse a Deus.

Só com honestidade e esforço incansável você varrerá de sua vida a influência da ilusão satânica. Lembre-se: foi você quem acolheu essa influência graças a seus próprios pensamentos e atos. Doravante, siga a orientação da sabedoria divina que reside em seu íntimo.

Como enfrentar os desafios kármicos

As pessoas raramente investigam as causas ocultas daquilo que acontece em suas vidas. Não conseguem entender por que sofrem. O sofrimento estende uma grossa cortina sobre suas mentes, ocultando a origem dos males.

Só por intermédio de uma comunhão íntima e profunda com estados superiores de consciência torna-se claro que todas as deficiências, mentais ou físicas, são consequências necessárias do mau comportamento da pessoa no passado. O sábio tem lucidez interior para determinar a causa exata de cada vicissitude. Pode, pois, prescrever ações que removerão essa causa, de influência deletéria na vida da pessoa.

Quem nasceu com desvantagem em alguma área deve resistir à tentação da autopiedade. Lamentar-se é diluir a força interior de superação. Melhor seria que dissesse: "Obstáculos não existem. Existem *oportunidades.*"

Não acuse ninguém, muito menos a si próprio. Queixa e acusação não apagam o que está feito, ao contrário, só reforçam sua dependência de circunstâncias cujo controle você de fato perdeu.

Busque Deus no silêncio interior. Reconcilie-se com a realidade e com o que precisa ser feito. Você pode remodelar seu karma desde que, doravante, passe a viver pela consciência da alma. Repudie os ditames do ego: eles são o fruto perene da ilusão.

Quanto mais perto você chegar de Deus, mais seguramente O conhecerá como o próprio Amor Divino: Aquele que está mais próximo, Aquele que é mais Caro.

VIDA INTERIOR CONDUZ À LIBERTAÇÃO DO KARMA

Muitos seres humanos não aceitam ser governados de dentro, pela sabedoria superior. Bem ao contrário, vivem sob a tirania de hábitos pertinazes, que adquiriram em vidas anteriores. A vida delas, em consequência, é como bola rebatida segundo o capricho do jogador. Como a bola tem de ir para onde é enviada, a humanidade, dirigida pelos hábitos, não tem escolha a não ser enfrentar os frutos de seu karma, ditado por ações passadas.

Em geral, as criaturas humanas são escravas de seu condicionamento, que pode parecer uma causa externa, mas de fato tem origem dentro delas mesmas. São controladas pelos hábitos adquiridos. Estes, embora se devam inicialmente à pessoa, uma vez formados se perpetuam por si mesmos.

Poucas pessoas têm ideia da maneira insidiosa com que os hábitos gerados por suas ações passadas influenciam seu comportamento atual, suas atitudes mentais, os amigos e o ambiente que atraem, e o que equivocadamente chamam de "sorte", boa ou má. Não conseguem ver esses hábitos brotando do fundo da mente subconsciente nem até que ponto eles afetam, de modo imperceptível, suas posturas e atos no momento atual. Certas pessoas – ocidentais, sobretudo – acham que têm livre-arbítrio. Outras – na maioria orientais – imaginam, também erroneamente, que não existe saída alguma, que tudo é *kismet*, "destino".

Mas há uma saída! Basta renunciar à falsa noção de que exercitamos nossa liberdade soltando as rédeas dos desejos do ego. O karma governa sem contestação em sua esfera. No entanto, os seres humanos têm o poder de passar para outra esfera, sintonizando-se com a sabedoria infinita por trás das leis kármicas. Temos inteira liberdade de aceitar Deus e Sua orientação interior ou continuar sujeitos aos desejos egoístas.

Quanto mais seguirmos a orientação interior, mais controle obteremos sobre os acontecimentos externos no grande jogo da vida. Pois, se vivermos em nosso próprio centro, na supraconsciência, gozaremos a única liberdade verdadeira que existe. Na consciência da alma, não mais ficamos indefesos diante dos hábitos e desejos. Portanto, na medida em que desenvolvermos a autoconsciência, nós nos libertaremos da sujeição kármica.

Em vez de aceitar fatalisticamente os decretos do karma, siga o caminho interior para a liberdade. Medite todos os dias. Comungue intensamente com Deus. Aprenda com Ele, por meio da voz silenciosa da intuição, o modo de escapar da escravidão dos hábitos, que degradam a alma.

Há quanto tempo – um tempo tragicamente longo! – os hábitos o vêm deixando receoso do futuro! Se um infortúnio ou um lance de boa sorte o confundir, busque a única solução que existe para o quebra-cabeça sem fim da vida: a meditação profunda e a sintonia cada vez mais apurada com a sabedoria por intermédio do contato diário com o Espírito Infinito, eternamente livre.

A transcendência do ego

Os decretos inalteráveis do karma governam o destino humano apenas enquanto o homem continua a viver pelos sentidos, reagindo aos acontecimentos externos. Aos olhos de uma pessoa assim, o raciocínio moral se situa na consciência do ego. O saber oriundo das escrituras situa-se na consciência do ego. As lágrimas de autopiedade situam-se na consciência do ego. A consciência do ego é que é o problema. Quanto maior o seu domínio da mente, maior a influência do karma na nossa vida.

A Lei Cósmica não é um déspota irracional, porém. Suas sentenças não são proferidas ao acaso, contra uma humanidade acovardada e indefesa. Toda consequência prescrita pela Lei Divina é certa e justa; brota de realidades profundas da própria natureza humana e contempla ações já cometidas. Afinal, não é razoável colher o fruto daquilo que se planta?

Depois que o ego é transcendido na consciência da alma, transcendida é também a esfera da lei kármica. A alma permanece para sempre imperturbada, pois as consequências kármicas só se acumulam em detrimento do ego. Dissipam-se quando já não há um vórtice centrípeto atraindo-as para a consciência do "eu" e do "meu".

Ao tomar consciência de si mesma, a alma se liberta ao menos da sujeição à lei kármica. As boas ações dos grandes santos se projetam como ondas de luz para abençoar a humanidade inteira.

CAPÍTULO 3

Libertação do karma

A SUPERAÇÃO DO KARMA

Era uma vez um poderoso imperador que se embriagou. Disfarçado, entrou numa taberna de sua cidade e, numa briga, quebrou a perna de um freguês. O dono levou-o perante o juiz, que fora nomeado pelo imperador. Quando o juiz estava para proferir a sentença, o imperador livrou-se subitamente do disfarce e exclamou: "Sou o rei que o nomeou juiz e tenho o poder de mandá-lo para a prisão. Como ousa querer me condenar?"

De igual modo a alma perfeita, identificando-se com o corpo, pode perpetrar uma ação má e ser considerada culpada aos olhos do juiz – ou lei do karma. Mas, quando consegue identificar sua consciência com Deus, o criador da lei do karma, essa alma imperial não pode ser punida pela lei dos homens.

A pessoa escapará à lei do karma se se identificar com Deus. Feito isso, deverá perdoar seus semelhantes que pecam contra ela. Mas a alma que, por meio da meditação, encontrar o perdão divino para seu próprio karma e não perdoar seus irmãos pecadores, novamente se identificará com a vida humana e cairá sob o poder das inescrutáveis leis do karma limitador. Toda alma, portanto, deverá permanecer divina perdoando e amando continuamente, da mesma forma que Deus continuamente ama e perdoa.

Segundo as leis do país, um magistrado pode sentenciar um jovem criminoso a três anos num reformatório. Mas tem também autoridade para perdoar o infrator caso ele se arrependa e prometa comportar-se bem daí por diante. Assim, de acordo com a lei do karma, uma pessoa que age mal deve arcar com as consequências de seus atos. Entretanto, se invocar a intercessão de Deus orando e meditando fervorosamente, o Pai, que promulgou a lei do karma, poderá livrá-lo do castigo.

A consciência das grandes almas

Certas almas, ao descer a este mundo, não têm controle consciente sobre seu destino. Só de maneira muito vaga percebem que o fluxo de seus desejos as trouxe aqui. Afora essa percepção precária, contudo, não têm nenhum senso de finalidade ou direção.

As almas evoluídas não são tão limitadas. Sabem por que vieram e o que devem fazer no mundo. Em consonância com a vontade divina e a orientação íntima, conduzem suas vidas e a vida dos outros no rumo de uma liberdade ainda maior no Infinito.

Outras ainda, aprendendo a gozar a sempre renovada alegria da meditação, ultrapassam aos poucos a consciência grosseira da matéria e alcançam a liberdade do Espírito.

Quanto mais lúcida for a percepção que a alma tenha da orientação superior, maior será sua independência dos decretos do karma. A rendição incondicional à vontade divina de modo algum é passiva. São necessários muito poder e muita concentração para sintonizar a mente de maneira perfeita. A rendição permite à alma expandir sua consciência como uma esfera ilimitada de luz, até ela abranger a onipresença. A bem-aventurada expansão da alma traz consigo um poder cada vez maior – não apenas sobre o próprio eu, mas também sobre toda a matéria.

Kriya Yoga e libertação do karma

"O Kriya Yoga é um instrumento graças ao qual a evolução humana pode ser apressada." Sri Yukteswar explicava a seus alunos ...*

A vida de um Kriya Yogue evoluído é influenciada, não pelos efeitos de ações anteriores, mas unicamente pelas diretrizes da alma. Assim, ele se poupa a demora da evolução provocada por ações egoístas, boas e más, da vida comum, lentas demais para corações de águia ...

Identificando-se com o ego superficial, o homem aceita sem discutir que é ele quem pensa, quer, sente, digere e mantém-se vivo, jamais admitindo mediante reflexão (e só um pouco desta bastaria!) que em sua existência cotidiana não passa de um joguete das ações anteriores (karma), da natureza e do ambiente. Toda

*Para mais informações sobre Kriya Yoga e Sri Yukteswar, ver *Autobiography of a Yogi*, de Paramhansa Yogananda.

reação intelectual, sentimento, atitude e hábito são circunscritos pelos efeitos de causas passadas, nesta ou em vida anterior. Mas a alma nobre está bem acima dessas influências ...

O yogue evoluído, afastando a mente, a vontade e o sentimento da falsa identificação com os desejos corpóreos, une-se em espírito às forças supraconscientes nos santuários espinais e, desse modo, vive na Terra tal qual Deus o planejou, alheio aos impulsos do passado e ao atrativo de novas motivações mundanas. Esse yogue se completa com seu Desejo Supremo, seguro no paraíso final do Espírito inexaurivelmente bem-aventurado.

Os mestres assumem o karma de seus irmãos

Felizmente para seus discípulos, Sri Yukteswar incinerou muitos de seus pecados nas chamas da febre alta que contraiu na Caxemira. O método transcendente da transferência física de doenças só é dominado pelos yogues muito evoluídos. Um homem forte pode assistir um fraco ajudando-o a carregar seu fardo insuportável; um super-homem espiritualizado consegue minimizar o fardo mental ou físico de seus discípulos compartilhando o karma de suas ações anteriores. Assim como o rico perde parte de seu dinheiro pagando as dívidas astronômicas do filho pródigo, que desse modo se vê salvo das consequências de sua própria loucura, um mestre sacrifica voluntariamente um pouco de sua saúde física para aliviar o sofrimento de seus discípulos.

Recorrendo a um método secreto, o yogue une sua mente e veículo astral aos da pessoa que padece; a doença passa então, no todo ou em parte, para o corpo do santo. Tendo transcendido o plano físico, o mestre pouco se importa com o que sucede à forma material. Embora consinta que ela registre uma doença a fim de aliviar o próximo, nunca tem a mente afetada; considera-se feliz por poder prestar essa ajuda.

O devoto, após alcançar a salvação final no Senhor, conclui que seu corpo já desempenhou o papel a que estava destinado; pode então usá-lo da maneira que achar conveniente. Sua tarefa no mundo consiste em aliviar as angústias da humanidade, por meios espirituais ou por conselho intelectual, pela força de vontade ou pela transferência física da doença. Retirando-se para a supraconsciência sempre que desejar, o mestre pode permanecer alheio ao sofrimento físico; às vezes, prefere suportar resignadamente a dor do corpo, como exemplo aos seus discípulos. Assumindo os padecimentos de outros, o yogue consegue cumprir, em lugar deles, a lei kármica de causa e efeito. Essa lei atua segundo parâmetros mecânicos ou matemáticos; sua função pode ser cientificamente manipulada pelos homens dotados de sabedoria divina.

A lei espiritual não exige que o mestre adoeça para curar outra pessoa. As curas, comumente, ocorrem graças à familiaridade do santo com diversos métodos terapêuticos de eficácia imediata, os quais não lhe acarretam nenhum dano. Em raras ocasiões, porém, o mestre desejoso de acelerar a evolução dos discípulos pode, voluntariamente, redimir em seu próprio corpo grande parte do karma indesejável que eles carregam.

Jesus ensinou que viera para resgatar os pecados de muitos. Com seus poderes divinos, seu corpo não poderia jamais se sujeitar à morte na cruz caso ele, por vontade própria, não cooperasse com a sutil lei cósmica de causa e efeito. Assim, assumiu as consequências do karma alheio, especialmente de seus discípulos. Dessa maneira, eles foram inteiramente purificados e ficaram em condições de receber a consciência onipresente que mais tarde desceu sobre suas cabeças.

Só um mestre autoconsciente pode transferir sua força vital ou acolher no próprio corpo as doenças dos outros. O homem comum não é capaz de se valer dos métodos de cura do yoga, nem seria conveniente que o fizesse: um instrumento físico pouco adequado constitui obstáculo para a meditação divina. As escrituras hindus ensinam que o primeiro dever do homem é manter seu corpo em boas condições, pois de outro modo seu espírito não conseguirá se concentrar na devoção.

A importância da meditação

Quem não gostaria de se livrar das consequências de suas más ações? Poucas pessoas, entretanto, se dispõem a fazer o que é necessário para alcançar essa libertação. Não é implorando que nos livramos da roda implacável da justiça. A Lei Cósmica atua com precisão matemática. O modo de escapar a seus decretos é viver segundo a consciência divina. A liberdade vem, não do ato de remoer orações, mas da sintonia profunda com o Silêncio Interior, onde todo o amor reside.

Não importa quão ocupados estejamos com nosso trabalho e os assuntos mundanos, devemos nos esforçar, no silêncio interior, para entrar em sintonia com Deus. Graças à devoção tácita, podemos aprofundar nossa percepção da sabedoria e do amor divinos. O Divino está acima da lei. Em todos os nossos atos, devemos sentir a Inteligência criadora de Deus agindo por intermédio de nós. Quanto mais perto ficarmos de Deus, menos Sua lei nos afetará.

O "negócio" mais importante para nós é nos ocuparmos de Deus. O maior dos deveres consiste em colocá-Lo em primeiro lugar em nossa vida. Nenhum negócio e nenhum dever mundano seriam possíveis sem a inteligência que o homem tira de seu Criador.

Insista sempre em seu compromisso mais urgente: encontrar-se todos os dias com Deus. Duas vezes por dia, penetre no silêncio interior. Reverencie o Pai no altar da manhã. Ao cair das sombras, sente-se calado no templo da noite. Que elas o ocultem das distrações cotidianas.

Contemple a alternância monótona da morte e do renascimento. Ainda no corpo, forceje por destruir as sementes de seus karmas (atos) passados. Lembre-se, sementes tostadas não germinam. As pessoas que, na meditação profunda, queimam suas sementes kármicas no fogo da sabedoria jamais precisarão reencarnar na Terra.

CAPÍTULO 4

Morte e Ressurreição

Que acontece após a morte?

Quando a pessoa comum sente a morte aproximar-se, quase sempre seu corpo inteiro fica paralisado, mais ou menos como um membro que às vezes "adormece". Quando nossos pés ficam dormentes, nós os vemos e sabemos que são nossos, mas não conseguimos senti-los ou movê-los. Assim, na iminência da morte, muitas pessoas são atingidas por uma paralisia geral, semelhante ao estado que precede o sono. O corpo todo adormece – membros, músculos e até os órgãos internos, inclusive coração, pulmões e diafragma.

No início, o moribundo tem consciência do lento entorpecimento de seus músculos e membros. Quando o coração começa a embotar-se, sobrevém uma sensação de falta de ar porque, sem o trabalho do coração, os pulmões não funcionam. Essa sensação dolorosa de asfixia dura de um a três segundos, provocando um medo intenso da morte. Dado que as almas reencarnam diversas vezes e necessariamente têm de experimentar a morte para passar de um corpo gasto ao de um bebê, elas retêm a lembrança dessa sensação de asfixia e dor no instante supremo. A lembrança da dor é que suscita o medo de morrer.

Estados físicos e psicológicos da morte

O homem comum, na hora da morte, experimenta as seguintes sensações:

1. Entorpecimento gradual dos membros, músculos, coração, pulmões e diafragma.
2. Quando a dormência se espalha pelos membros e músculos, uma sensação de tristeza, abandono e ânsia de viver vem à mente.
3. Quando o torpor chega aos músculos cardíacos, o moribundo experimenta uma sensação de dor e asfixia, que lhe provoca um medo intenso da

morte. A alma é dominada pelo sentimento de apego às posses e aos entes queridos, sobrevindo então uma forte angústia mental.

4. Devido à dor da asfixia, a mente luta desesperadamente para trazer de volta o ar aos pulmões. Nesse momento, um resumo das boas e más ações praticadas ao longo da vida se apresenta aos olhos do espírito do moribundo. A partir dessa introspecção começa a esboçar-se o tipo de nascimento que ele terá na próxima vida.
5. Então os sentidos do tato, paladar, olfato, visão e audição começam a desvanecer-se nessa ordem. O da audição é o último a abandonar a consciência do moribundo. Por isso não convém sequer murmurar ao lado do leito: "Acabou; ele está morrendo."

Dois de meus discípulos, irmão e irmã, tiveram uma experiência singular. A irmã jazia em seu leito de morte, assistida pelo irmão e os médicos. Quando ele saiu do quarto para beber um copo d'água, os médicos exclamaram: "É o fim; o pulso parou." Houve um espasmo e ela ficou como morta. Ao voltar para o quarto, o irmão pediu que todos saíssem. Em seguida, sacudiu vigorosamente a irmã, gritando: "Irmãzinha, seu mestre garantiu que, se fizer um derradeiro esforço, viverá."

Em poucos instantes a pulsação voltou. Ela respirou fundo, sentou-se e narrou a seguinte experiência: "Meu corpo inteiro ficou paralisado, mas eu podia ouvir os passos de meu irmão saindo do quarto. Tentava acionar a força vital em meus membros inertes, mas logo que os médicos disseram: 'É o fim', perdi a vontade de viver e senti uma inércia completa nos músculos e órgãos internos, enquanto um clarão ofuscante me atravessava o cérebro, seguido de escuridão total. Nesse estado, ouvi meu irmão se aproximando, como se viesse de muito longe, e, tão logo me instou a empregar minha força de vontade e despertar, voltou-me a vontade de viver – e aqui estou! Minha consciência conseguiu ressuscitar a si própria nos órgãos internos, nos músculos e nos sentidos, que já estavam inertes."

Como o último pensamento do moribundo se relaciona às tendências habituais da vida que está terminando, não é bom sobrecarregar essa consciência com o medo da morte.

Ao moribundo não se deve dizer nada. Mas, caso ele seja uma pessoa corajosa e queira mesmo morrer, pode-se sussurrar a seus ouvidos: "Cruze o umbral desta vida atribulada e contemple o panorama da bem-aventurança eterna."

6. O homem comum, após a sensação de asfixia, percebe-se de súbito libertado do peso do corpo, da necessidade de respirar e de todo padecimento físico.
7. A seguir, a alma do moribundo mergulha num estado de esquecimento milhões de vezes mais profundo e mais agradável que o sono corriqueiro.
8. Sobrevém então a sensação de estar flutuando por um túnel tranquilo e escuro.
9. Às vezes, quando a pessoa morre depressa (digamos, por enforcamento, eletrocussão, tiro ou acidente), quase não experimenta dor.

Esse sofrimento é puramente mental, quando a mente se dá conta de que não consegue mais respirar nem permanecer no corpo. A sensação imaginária de asfixia e dor, no momento da morte, transforma-se num pesadelo penoso, que por algum tempo tortura as manifestações mentais do moribundo. Mas, depois de algum tempo, quando nota que o corpo se foi, a mente se tranquiliza. Uma boa alma, vítima de assassinato, quase nunca experimenta sequer a agonia mental quando a morte é súbita.

O corpo astral torna-se uma base de operações após a morte

Embora não passe de um sonho de Deus, o corpo físico parece bem real quando está sob o domínio do ego. Também o corpo astral, na morte, é sentido como algo concreto e se torna a base de operações para o ego. Assim como o corpo físico tem sonhos humanos, o corpo astral (após a morte daquele) pode criar qualquer sonho no interior de si mesmo.

Santos e pessoas que, durante a vida terrena, se dedicaram à técnica da meditação conseguem preservar a consciência mesmo quando o coração falha ou para de vez. Podem permanecer conscientes durante a letargia da morte. Assim como às vezes fruímos um sono profundo ou contemplamos as cenas de um sonho bom em estado de semilucidez, assim, nesse tipo de morte, todas as experiências astrais são observadas consciente ou semiconscientemente.

Clima astral

O cosmos astral é, naturalmente, mais sintonizado com a vontade divina e o plano da perfeição do que a esfera terrena. Todo objeto astral se manifesta, em primeiro lugar, pela vontade de Deus, mas sofre em parte a interferência voluntária dos seres astrais. Estes podem modificar ou melhorar o conteúdo e a forma de qualquer coisa já criada pelo Senhor.

O mundo astral surge, aos olhos da alma, como um jardim maravilhoso. Ali ela encontra um clima astral nem muito quente nem muito frio, pronto a ser controlado pelo poder da vontade, tal como as pessoas hoje podem aquecer ou resfriar suas casas com estufas e aparelhos de ar-condicionado.

Há, no mundo astral, primavera, verão, outono e inverno. No inverno veem-se nuvens algodoadas muito brancas, maravilhosamente belas – frescas, mas não frias –, pairando sobre a região astral. Ali a neve é chamada pelos habitantes, principalmente para fins decorativos, e muda de temperatura conforme a vontade deles.

A primavera e o verão astrais são repletos de uma infinita variedade de flores celestes que sorriem num solo transparente, vítreo, de luz dourada. Elas desabrocham e mudam, ou se desvanecem, numa multiplicidade de cores e matizes que dependem da fantasia do jardineiro astral. Nunca morrem. Apenas se modificam ou se esfumam quando já não são desejadas.

No outono, os raios descem sobre o solo dourado, projetando uma inefável orquestração de música das esferas. Esses raios, ao cair, tomam a forma de flores, de modo que durante as chuvas astrais pode-se perceber uma cortina de fios prateados semelhantes a margaridas e rosas de luz, esparramando-se pelo chão astral. Poças luminosas, também em formato de flor, cobrem as ruas após a chuva.

Casas astrais

Na região astral, existem inúmeras mansões ou esferas de vibrações luminosas multicoloridas. Assim como nossas cidades possuem vários bairros – as áreas dos ricos e dos pobres –, o reino astral exibe vários distritos com diferentes tipos de residências. São construídas de tijolos compostos por átomos condensados.

Os santos moram em locais refinados do plano astral. Ali, as almas comuns morreriam congeladas ou sufocadas, pois só entidades superiores conseguem suportar o frio ou o calor extremos sem ser afetadas por perturbações magnéticas. As almas perversas vivem em favelas e não podem penetrar na atmosfera límpida dos bem-aventurados aristocratas espirituais.

Reencarnação no país astral

Há nascimento, morte e reencarnação no plano astral, tal como na esfera terrena. Mas no plano astral a vida é mais longa e a morte (ou mudança) não atinge as almas evoluídas, apenas as perversas.

Se a alma evoluída evoca nostalgicamente as experiências terrenas, talvez precise regressar ao mundo físico para de novo experimentar a vida e a morte. Não há dor nem medo na morte astral.

Crime e doenças astrais

As doenças, no plano astral, consistem principalmente de atitudes e defeitos mentais, quando não de subnutrição. Essas moléstias podem ser erradicadas com facilidade pelas mentes poderosas de quase todos os habitantes daquele plano.

O crime astral provém da ignorância e da busca da felicidade egoísta. Não há juízes para punir ninguém. As próprias almas se punem quando estão erradas, por meio de autodisciplina.

Como entrar em contato com os mortos?

Não tente entrar em contato com almas perversas, que infestam o éter com sua presença. Assim como ladrões, na Terra, podem roubar facilmente um carro que não foi trancado, assim almas ruins podem apossar-se de pessoas distraídas, ignorantes, que procuram invocar espíritos num estado mental passivo. Essas almas velhacas tomam conta do cérebro e destroem-no. Eis o motivo pelo qual pessoas que se deixam possuir sem resistência usualmente perdem o caráter, a mente e o poder espiritual.

Só almas que nos amaram e continuam amando devem ser invocadas. Precisamos de almas boas que nos ajudem e a quem possamos ajudar.

Como invocar almas boas

Concentre-se profundamente, com paciência, até poder ver seu olho espiritual (uma estrela cor de prata em campo azul-opala, engastada numa auréola dourada), de olhos fechados ou abertos. Você deve ser capaz de reter essa imagem pelo tempo que quiser. Em seguida, visualize a boa alma que deseja encontrar e repetidamente convide-a para vir à luz. Se tiver paciência e forte dedicação pessoal, avistará a imagem e conversará com ela, como num filme sonoro, na tela do olho espiritual. Um maior desenvolvimento lhe permitirá ver a alma até de olhos abertos.

Se uma alma como Jesus aceitar seu convite, não só se tornará visível como vibrará intensamente o corpo para que você possa também ouvi-lo e tocá-lo.

Almas ruins não conseguem penetrar a cerca eletrificada do olho espiritual. Apenas as almas virtuosas, dispostas a ajudá-lo, tornam-se visíveis.

Como expulsar os maus espíritos

Quando uma pessoa estiver tomada por um mau espírito, toque-lhe a fronte com o dedo indicador da mão direita e pouse o da mão esquerda sobre sua medula; a seguir, pressione ambas as mãos, olhe através de seu próprio olho espiritual e diga: "Em nome da luz astral eu te subjugo e ordeno que saias."

Se você mesmo estiver sendo atormentado, antes de dormir trace a palavra "AUM" ou "Amém" no travesseiro com a ponta dos dedos. Visualize seu corpo rodeado de luz, fixe-se no olho espiritual e repita várias vezes, mentalmente ou em voz alta: "Sou Luz. A treva se foi." Também, de pé ou sentado, junte as palmas das mãos diante do corpo, leve-as para as costas, de novo para a frente, várias vezes em rápida sucessão, e cante "AUM". Assim, ficará protegido.

Contato com almas que partiram

Na comunicação real com um espírito, não devemos perder a consciência, mas, bem lúcidos, comungar com ele. Esse estado em geral é despido de emoções. Não tente recorrer a truques mágicos, instantâneos, para entrar em contato com almas que partiram. Isso é um grande crime espiritual contra Deus e a humanidade. Só pela meditação profunda e contínua você procurará encontrar-se com seus entes queridos que já se foram. Meditação e meses – não raro anos – de paciência podem trazê-los até sua presença, nada mais.

Toda noite, de olhos fechados, concentre-se no centro crístico, o microfone astral do olho espiritual, e mostre sua boa vontade para com os mortos dizendo mentalmente: "Vinde depressa em nome de Deus." Eles captarão sua mensagem. Fique sentado em silêncio e tente sentir o amor que deles emana; a exultação é o sinal de que lhe responderam.

Mesmo que algum de seus entes queridos mortos haja reencarnado, pelo processo acima você conseguirá contatar seu corpo astral sempre desperto e obter uma resposta sob a forma de sonho durante o sono ou de visão durante a meditação.

Seguindo até a esfera astral os amigos que fez nesta existência, você descobrirá o mistério da vida após a morte. Saberá então que a morte o separou de seus entes queridos para que você amasse não só a eles, mas a todas as pessoas em todas as encarnações. Quando tiver um coração grande o bastante para conter todas as criaturas, conhecerá o Pai que ama igualmente Seus filhos. Conhecendo-O, conhecerá os parentes e amigos que já amou. Graças a esse sentimento intenso, aprenderá a amar todos os seus irmãos animados e inanimados como filhos do único, extremoso e misterioso Deus Pai.

Não pense constantemente numa alma que partiu exceto se souber que ela é boa e sinta um desejo irrefreável de vê-la. Se o tempo não conseguir fazê-lo esquecer um amigo falecido, então tente entrar em contato com ele. A vontade persistente de saber algo a respeito de uma alma desencarnada é a melhor mensagem astral que você possa enviar-lhe.

Percepção do contato em estado consciente

Se, dia e noite, você sentir saudade de um amigo que perdeu, perceberá uma presença suave bem próxima do coração. Isso significa que a alma amiga está tentando fazer contato por intermédio de seu sentimento, mas não consegue se materializar porque você está sempre irrequieto mentalmente.

Contato em sonhos no estado subconsciente

Se por vários minutos, antes de adormecer, você se concentrar na sensação de que seu amigo está presente, ele lhe aparecerá em sonhos.

Contato consciente no estado supraconsciente

Se você conservar a sensação da presença de seu amigo morto e concentrar-se, de olhos fechados, no ponto entre as sobrancelhas a fim de visualizá-lo, ele lhe aparecerá depois de algum tempo. Isso talvez leve meses e até anos, mas, se você for paciente e aprofundar cada vez mais o apelo astral da meditação, será bem-sucedido.

A técnica metafísica para encontrar amigos queridos que se perderam

Quando perder alguém que lhe é muito caro e não conseguir esquecê-lo, procure-o da seguinte maneira, praticando por duas horas diárias durante meses – ou, se necessário, anos. Sente-se numa cadeira de espaldar reto e entregue-se à melhor técnica de concentração que conhece por uma hora; a seguir, erga a mão e atente bem para as pontas dos dedos. Fixe o ponto entre as sobrancelhas, descubra o olho espiritual e esforce-se sem interrupção para contatar o corpo astral da alma que partiu.

Gire lentamente a mão, em círculos, para todas as direções: norte, sul, leste e oeste. A cada direção do círculo descrito pela mão, tente sentir a presença do corpo astral da alma que procura. Quando seus dedos notarem que o tocaram como costumavam tocá-lo em vida, seu coração exultará. Continue fixando-o com o olho espiritual e logo o verá. Peça aos dedos e ao coração para indicar em que ponto seu amigo renasceu na direção em que o está sentindo com as pontas dos dedos. Quando você detectar sua presença com os dedos e o coração, podendo vê-lo e falar-lhe, ele lhe dirá onde se encontra no mundo astral ou comunicará o lugar onde renasceu. Grande então será a alegria de ambos.

Exemplos de ressurreição

Swami Kriyananda conta as seguintes histórias:

Havia em Encinitas um corretor de imóveis. Sua esposa estava gravemente enferma havia três meses. Quando o homem ouviu falar em Yogananda, que morava na cidade e tinha poderes terapêuticos, procurou-o e pediu-lhe que orasse pela esposa. Yogananda orou, mas não recebeu autorização, de momento, para comparecer junto ao leito da mulher. Pouco depois, para desespero do marido, ela faleceu.

Só então Yogananda foi instruído, durante a meditação, a ir até aquela casa. Ao entrar, deparou com umas trinta pessoas presentes, todas entristecidas. O homem se achava ao lado da esposa, chorando e sacudindo-a descontroladamente. Yogananda, com calma, afastou-o, pousou uma das mãos na fronte da morta e a outra em suas costas, pondo-se a invocar o Poder Divino.

Cinco ou dez minutos depois, o corpo começou a estremecer – "como um motor", disse Yogananda mais tarde. Uma expressão de profunda calma surgiu no rosto da mulher. As batidas cardíacas e a respiração foram voltando aos poucos. Em seguida ela abriu os olhos, onde se notava um ar distante, como de alguém que acabasse de regressar de uma longa viagem.

Estava totalmente curada.

❋ ❋ ❋ ❋ ❋

"Durante minha viagem de 1935 à Índia", contou-nos Yogananda, "descia eu uma rua de Serampore, onde morava meu guru, quando ouvi gemidos lancinantes vindos de uma casa. Por coincidência, era a casa de um parente de um amigo meu. Entrei e disseram-me que esse parente acabara de morrer. A família toda chorava. Aproximei-me do corpo e orei intensamente em sua intenção. Pela graça de Deus, o homem logo voltou à vida".

O dr. Lewis contou-me, anos depois: "Perguntei certa feita ao Mestre: 'O senhor entrou naquela casa por causa de seu relacionamento pessoal com o homem ou por ordem de Deus?' Yogananda replicou sem pestanejar: 'Oh, por ordem de Deus! De outro modo, eu não entraria'."

O CÉU ESTÁ À ESPERA

Morte não é aniquilação. É um estado de relaxamento passivo, involuntário, provocado por acidente, doença ou tristeza. A interrupção forçosa e permanente do fluxo vital do corpo costuma ser chamada de "morte" ou fim definitivo da vida. Na verdade, trata-se apenas de uma fase passageira – não é de modo algum o fim, apenas a passagem da esfera das coisas feias e mutáveis para o reino da felicidade infinita, das luzes multicoloridas.

Por que não aprender o método pelo qual poderá desligar a corrente vital do corpo inteiro, recorrendo à força de vontade e à meditação para libertar a alma da servidão da morte? Assim como a eletricidade não morre quando a lâmpada se queima, assim nosso eu verdadeiro não é destruído pela morte: apenas mergulha no Eu Onipresente, infinito.

Nossa percepção do mundo ocorre por intermédio dos cinco sentidos: paladar, tato, olfato, audição e visão. O paraíso é experimentado através da intuição. Por isso é necessário meditar profunda e frequentemente, uma vez que, graças a esse ato, desenvolvemos o sexto sentido, a intuição. Não somos carne; somos Espírito.

Há um céu à nossa espera e a única maneira de chegar lá é pelo aprimoramento da intuição, meditando e orando intensamente.

A CENOURA MÁGICA

Houve outrora na Índia uma mulher muito ranzinza. Chamava-se Kalaha, que significa "briguenta" no idioma bengali. A senhorita Kalaha batia boca com todo mundo ao menor pretexto e nunca praticava uma boa ação.

Correram os dias e Kalaha foi ficando cada vez pior. Finalmente o Anjo da Morte visitou-a. Seu corpo astral começou a descer a melancólica escada em espiral que conduz às regiões profundas das trevas infernais. Desabou pesadamente no solo sulfuroso do Hades. Tomada de agonia e medo, implorou misericórdia ao ver que o Anjo da Morte a abandonava naquele lugar pavoroso, onde as sombras ímpias vivem em tortura e desespero.

Ora, impressionado com o pranto e a barulheira que a mulher ruim fazia, Yama (o Anjo da Morte) resolveu voltar e interpelou-a: "Por favor, não pode se lembrar de nenhuma boa ação que praticou durante sua existência terrena? Assim, talvez eu consiga tirá-la deste lugar medonho, aonde você veio em consequência dos erros voluntários que cometeu."

A mulher coçou a cabeça por algum tempo e, após longa reflexão, gritou: "Oh, sim, Majestade, lembro-me de uma boa ação que pratiquei. Certa vez estava com um maço de cenouras na mão e ia comê-las quando notei que numa delas se alojava um verme. Assim, dei-a a outra pessoa, sugerindo que comesse a parte boa e jogasse fora o resto, sem matar o bichinho."

"Isso basta", sentenciou Yama. Acenou com a mão e a tal cenoura apareceu voando na direção da pecadora. Yama prosseguiu: "Alma danada, agarre esta cenoura e dependure-se nela. Não fraqueje e será conduzida ao paraíso."

A mulher agarrou avidamente a cenoura e começou a subir para o céu. Vendo isso, outro pecador segurou-se à sua perna; outro se segurou à perna dele, um terceiro à perna do segundo e assim por diante, até que uma cadeia de cem pecadores ficou suspensa da perna da mulher ruim. A cenoura mágica, carregando a mulher e os outros cem pecadores, disparou para o céu como um foguete.

A mulher estava contentíssima por ter tão facilmente escapado das mãos da justiça do além. Mas então sentiu um abalo no coração, olhou para baixo e viu que toda aquela fileira de pecadores subia ao céu com ela. A ideia de que estavam se beneficiando da carona a enfureceu. Não tolerava que alguém mais captasse o favor do Anjo da Morte. Furiosa, esbravejou: "Pecadores sem mérito, soltem já o meu pé! Como ousam voar para o céu em minha cenoura encantada?"

Mas, ao derrubar a pontapés os outros pecadores, ela própria se soltou da cenoura. Assim, todos despencaram pelo espaço e foram se esborrachar no chão do Hades.

Moral da história: mesmo um pequenino ato de bondade pode se transformar numa prancha de salvação para cruzar o traiçoeiro golfo do pecado; mas quem bebe o vinho do egoísmo e se sacoleja no barquinho do desdém pelo próximo afunda no oceano da ignorância. A felicidade egoísta, que não tolera o bem-estar alheio, logo se transforma em sofrimento.

Meu cervo de estimação

Em Deus não há separação; mas, para aqueles que ignoram a unicidade divina, há separação e morte. Veem a morte como uma parede branca, onde as almas se diluem e são esquecidas. A pessoa dotada de compreensão vê além da região da morte, onde todas as almas dançam e despertam novamente. A morte não deve provocar tristeza. Como eu ficava melancólico quando meus amigos faleciam! Não se sinta assim. Se conhecer Deus, reencontrará a todos na grande esfera divina e concluirá que eles nunca de fato o deixaram.

Certa feita, na Índia, frequentando a escola de Ranchi, fiquei muito ligado a um pequeno cervo. Amava tanto o bichinho que o trouxe para dormir em meu quarto. Às primeiras luzes, ele saltava para a minha cama a fim de me fazer carícias matinais.

Um dia, precisei ausentar-me da escola. Embora pedisse insistentemente aos colegas que não alimentassem o animal antes da minha volta, um deles lhe deu uma grande quantidade de leite. Quando regressei, à noite, más notícias me aguardavam: “O pequeno cervo está quase morrendo por excesso de alimento.” Eu próprio quase morri de angústia e disse: “Se existe um Deus, não me tirará o animalzinho.” Pus-me então a meditar e depois de três horas o cervo se recuperou. Deus o devolveu a mim.

Mas que lição tive de aprender logo depois! Fiquei com o cervo até as duas horas da madrugada e então adormeci. O animal apareceu-me em sonhos e disse:

"Você me trouxe de volta. Deixe-me ir, por favor! Deixe-me ir!"

"Está bem", respondi em pleno sonho.

Acordei imediatamente e gritei:

"Rapazes, o cervo está morrendo!"

Todos acorreram. Voei para o canto do quarto onde acomodara o bichinho. Ele, num último esforço, levantou-se, ensaiou uns passos em minha direção e caiu aos meus pés, morto.

Segundo o karma em massa que orienta e regula os destinos dos animais, a vida do cervo acabara e ele estava pronto para renascer numa forma superior. Mas, em consequência de meu forte apego, que depois percebi ser egoísta, e de minhas preces ardentes, acabei por mantê-lo nos estreitos limites da forma animal, de onde sua alma se esforçava por libertar-se. A alma do cervo apresentou seu pedido em sonho porque, sem minha permissão compreensiva, não iria ou não poderia ir embora. Tão logo concordei, ela partiu.

A tristeza me deixou por completo. Reconheci uma vez mais que Deus quer que Seus filhos amem todas as coisas como partes Dele, sem supor que a morte seja o fim de tudo. O ignorante vê apenas a muralha intransponível da morte, a esconder para sempre seus entes queridos. O homem desprendido, porém, que ama seus semelhantes como expressões de Deus, sabe que por ocasião da morte as pessoas apenas voltam durante algum tempo para junto do Pai.

O ÚLTIMO DIA

Você, que está lendo, eu, que estou escrevendo, e os dois bilhões de pessoas que hoje estão lutando pela vida* só existiremos daqui a cem anos como lembranças. Grandes e pequenos serão sepultados sob a relva ou lançados às chamas da cremação. Nós, tão ciosos de nosso café da manhã, almoço e jantar, não mais engoliremos nem falaremos. Nossos lábios ficarão selados para sempre.

*Escrito em 1934.

Nós, que gostamos de ouvir lisonjas, o murmúrio dos riachos, o doce encanto das melodias e as palavras familiares de nossos entes queridos, um dia não escutaremos mais som algum desta terra cheia de cuidados.

As pétalas e botões de que você tanto gosta, tempo virá em que mandarão o mensageiro da deliciosa fragrância bater à porta de seu olfato amante dos perfumes, mas as portas desse sentido já não se abrirão. Você não mais será enleado pelo aroma terreno da Natureza.

Dia virá em que todas as coisas belas estacarão, mudas, diante dos portões da sabedoria de seu olhar de lótus, procurando penetrar no recinto de sua percepção; você, porém, já não será capaz de detectar a matéria imperfeita.

O recinto da sabedoria ficará inacessível. O cérebro que controlava seus 27 trilhões de células e a fábrica de seu corpo não mais o dirigirão. O toque suave da brisa e a tepidez do sol deixarão de acariciá-lo, pois seu corpo estará inerte e sem vida.

Dia virá em que não conseguirá ver, agitar as mãos ou pés, ter bons ou maus pensamentos, experimentar o sucesso ou o fracasso, adquirir sabedoria ou ignorância.

Uma vez que tudo isso acabará, por que acalentar o desejo de conforto permanente para um corpo destinado a dissolver-se? O calor da morte logo derreterá esses átomos corporais congelados. Alguma vez já se deu conta de que só tem esta vida e depois irá juntar-se às sombras de milhões de almas que também pensaram, viveram, riram e morreram cheias de esperanças irrealizadas?

A reencarnação é sem dúvida um fato, mas você já pensou que nunca terá de novo o mesmo corpo, a mesma mente, os amigos sob a mesma forma ou o mesmo modo de viver e morrer desta existência?

Lembre-se, você precisa desempenhar um papel durante alguns anos de tristeza e riso na tela do tempo, e depois o filme desta vida será engavetado para nunca ser visto de novo – embora vá ter uma nova versão na tela de outra encarnação.

Se toda alma despirá a roupa barata da carne para vestir os trajes luminosos da imortalidade, para que chorar? Se santos confiantes na vida eterna e homenzinhos que tremem diante da morte terão de partir, de que vale temer a hora fatal? Trata-se de uma experiência universal a que ninguém escapa.

Pense no mistério que é a vida! Origina-se do desconhecido e no desconhecido se dilui. Pense no mistério que é a morte! Devora o trabalhador e o indolente, transformando-os de novo no éter e nos elementos. Pense no medo que todos têm da morte, a qual, entretanto, vem apenas para dar paz e alívio quando o fardo da existência se torna pesado demais com seu cortejo de dores, enfermidades e problemas aparentemente insolúveis.

Para que desperdiçar o tesouro de sua sabedoria tentando dar ao corpo essas gratificações incertas, perecíveis? Acorde! Procure colher a safra da imortalidade, que não perece nunca, e a bem-aventurança sempre renovada do solo do corpo. Você nunca encontrará satisfação duradoura num corpo que se dissolve lentamente. Jamais extrairá o mel da felicidade divina da dura rocha dos prazeres sensuais.

A satisfação perene flui sem cessar para o cântaro de sua vida quando você espreme a colmeia da meditação e da paz com as mãos fortes e incansáveis da vontade, concentrando-se cada vez mais profundamente.

De que vale você se intoxicar com desejos materiais durante o sono da ignorância, semelhante ao da morte? Sua atual atividade no mundo nada mais é que uma caminhada em meio ao sonho da ilusão em pleno sono da ignorância. De que vale você estar tão seguro de si mesmo a ponto de devotar todo o tempo a fazer fortuna, sabendo que a deixará para trás num instante, ao chamado da morte? Os bens materiais, ninguém o ignora, são muito pesados para que você os leve ao plano astral, quando empreender a jornada rumo à imensidade do Além. Não será melhor nos prepararmos desde já para nosso último dia na Terra, ocasião em que teremos de renunciar a tudo aquilo a que éramos apegados?

Não sugiro que você seja cético e deixe de gozar os prazeres do mundo. Digo apenas que não deve apegar-se a coisas cuja perda obrigatória poderá lhe causar agonia mental. Não lamente a separação dos bens da Terra quando sua roupagem corpórea for posta de lado, pois terá depois coisas bem melhores. Receberá de novo, das mãos do Pai, Deus, tudo quanto amou e perdeu. Ele nos tira o que possuímos para não ficarmos presos ao mundo, esquecidos de nossa verdadeira condição imortal.

Exercite-se na meditação e nos tesouros das percepções intuitivas, cultive a paz e o júbilo sempre renovados, que lhe serão de muita valia em sua derradeira jornada. Esqueça as ilusões de hoje. Prepare-se para a morte ajustando cotidianamente suas contas com Deus. Ao final da vereda, diante dos portais do último dia, será convidado a entrar no Reino do Pai e lá permanecer para sempre.

Ressurreição espiritual

A vida é gloriosa; a vida é bela... se você encontrar Deus sob o entulho da matéria. Não se deixe hipnotizar pelo panorama mutável da vida e da morte, contemple apenas a imortalidade. É a coisa mais maravilhosa que possa experimentar. Deus está oculto atrás da Lua, do Sol e das estrelas. Nossa própria consciência é a voz do Pai. A única maneira de descobri-Lo é praticar a devoção e a meditação autênticas. Medite profundamente, se quiser conhecer Deus. Despreze os maus hábitos, a indiferença e a inquietude diária.

Ressurreição significa desligamento: você desliga sua percepção de seu corpo e mente, enquanto medita. Fica, pois, livre: a alma constata que pode viver sem o corpo, embora ainda nele; é uma entidade separada.

A vida humana pode ser bela, mas lembra a do pássaro na gaiola. Você abre a porta da gaiola e o pássaro não quer sair voando. Tem medo. Nós mesmos perguntamos na meditação: "Irei para o infinito e jamais regressarei?" É que tememos a vastidão do céu. Vivemos por muito tempo identificados com o corpo e receamos nossa própria onipresença infinita, a ressurreição de nossa onipotência e onisciência.

Você nem sequer faz ideia da alegria que existe por trás da mente subconsciente. Quando conseguir se livrar da inquietação e das sensações do corpo, sente-se tranquilo e diga: "No Paraíso do Silêncio, ó Deus, nasça comigo." A seguir, no altar da quietude, Ele virá. O júbilo divino é indescritível – nenhum sonho mutável da vida ou da morte poderá arrancá-lo de você.

CAPÍTULO 5

Reencarnação

A TEORIA DA REENCARNAÇÃO

Discute-se muito se a reencarnação é real. Mas, se não houver verdade alguma na teoria da reencarnação, todas as religiões são inúteis. Essa teoria ensina que a vida continua após a chamada morte. O corpo não dura, mas a alma vive para sempre – alma permanente num corpo passageiro. A alma não pode voltar ao regaço de Deus até atingir a perfeição. Por isso, quando o corpo perece, ela tem de ocupar outro a fim de superar suas imperfeições.

O corpo é a morada, a alma é o morador. A casa de carne sucumbe, mas a alma, imagem do Espírito, não sucumbe nunca. Assim, quando o corpo morre, a alma tem de buscar abrigo em outra parte. Devido a seu íntimo contato com o corpo, ela cultiva desejos físicos. Esses apegos materiais imperfeitos aderem à alma desencarnada e impedem-na de regressar ao Espírito. Portanto, a alma imortal não tem alternativa a não ser voltar à escola mortal da vida, pois só aqui conseguirá eliminar suas imperfeições.

Quando uma criança é mandada à escola e não consegue obter o diploma, tem de voltar quantas vezes forem necessárias para passar no exame. Assim também as almas que fracassam na tentativa de conservar sua perfeição na escola mortal da educação e do lazer, precisam retornar por várias encarnações, até poderem experimentar completamente sua natureza espiritual oculta. A alma imortal tem de ganhar vários prêmios para consolidar a resistência do Espírito: autocontrole, desprendimento, moralidade, serenidade e espiritualidade – e tem de fazer o curso todo na escola terrena para libertar-se.

Almas infantis imortais são mandadas ao cinema da Vida a fim de encenar ou apreciar filmes sobre a existência terrena, dramas e comédias, com inteira imparcialidade. Quando essas crianças divinas estão prontas para voltar a Deus e dizem: "Pai, gostei muito de encenar e apreciar Teus filmes sobre a existência terrena, mas já não me satisfazem esses divertimentos passageiros", não mais se veem forçadas por seus desejos materiais a regressar à Terra.

Deus envia almas perfeitas ao mundo para se comportarem como imortais – serenas, sem desejos e sempre felizes. Elas ao mesmo tempo assistem aos filmes terrenos e atuam neles. Mas, assim agindo, acabam por desenvolver apegos. A menos que seus anseios materiais sejam calados antes da morte, a alma tem de retornar a outro corpo na sala de projeções de filmes mundanos, a fim de interpretar os desejos que ali nascem.

Se você morrer querendo ter um Rolls Royce, não suportará viver para sempre no paraíso, onde as almas se deslocam sem necessidade de veículos. Precisará, pois, regressar à Terra, único local onde semelhante desejo pode ser satisfeito. Mesmo o mais justificável dos desejos mundanos, da parte da alma, é limitador quando comparado ao reino eterno do cosmos, que ela perde por concentrar-se em ninharias.

Como evitar a reencarnação

Se as almas-crianças perfeitas de Deus baixarem à Terra e tudo fizerem para agradar ao Pai, em vez de satisfazer à sede de seus egos, ficarão livres da necessidade de reencarnar. Assim, sempre que você comer (por exemplo), pense: "Não estou comendo por gula, apenas para preservar Teu templo da consciência e agradar-Te, pois me deste a necessidade de comer" ou "Ganho dinheiro unicamente para cumprir a responsabilidade que o céu me atribuiu de manter-me e à minha família, além de ajudar meus semelhantes, e não por avareza". O que quer que esteja fazendo, diga a si mesmo: "Penso, quero e sou feliz somente para comprazer-Te."

Trabalhar para Deus é muito agradável e pessoalmente gratificante. Trabalhar para o ego provoca cegueira espiritual e sofrimento. Assim, não faça boas obras para si mesmo, mas para Deus. Desse modo, a responsabilidade pelo que você fizer não caberá à sua alma. Essa atitude mental anula o apego que traz as almas de volta à Terra. Quando você come, trabalha, pensa, se diverte, medita e goza a verdadeira felicidade terrena somente para agradar a Deus e não a você mesmo, está sempre pronto para permanecer aqui ou partir sem angústia nem apego, segundo a vontade divina. Não será, pois, forçado a reencarnar.

Atos praticados para agradar a Deus não geram apego. Se você come torta de morango ou ganha dinheiro com a consciência de estar fazendo isso por Deus, não carrega consigo o desejo de realizar tais coisas quando morre. Se age com cobiça ou egoísmo, e morre sem ter cumprido esses desígnios, precisa voltar ao mundo para desincumbir-se. Isso não quer dizer que não deva ter ambições. A pessoa negligente ou preguiçosa não tenciona agradar a Deus com boas ações na Terra, por isso tem de voltar aqui até aprender a trabalhar duro a fim de contentar o Pai.

O egoísta, que não age senão em benefício próprio, acaba apanhado numa rede infinita de desejos, da qual só escapa ao cabo de muitas encarnações. Portanto, nunca seja indolente, apático ou egoisticamente ambicioso; cultive, isso sim, a ambição divina de trabalhar e se divertir na Terra com a atitude mental certa, conforme quer de você o Diretor Divino.

Abandonar o mundo e ir para a floresta a fim de meditar é uma atitude corajosa, mas os desejos mundanos podem segui-lo até lá. Estar no mundo, mas sem *ser* do mundo (ou melhor, gozar o mundo com a alegria pura de Deus), traz felicidade mais duradoura.

Renunciar ao mundo sem ter vencido interiormente os desejos é ser hipócrita. Estar no mundo sem adestramento espiritual torna a pessoa agressiva e fútil. O ideal supremo consiste em tudo fazer no mundo para agradar a Deus, conforme a escritura hindu do *Bhagavad Gita*, cujos melhores ensinamentos são compatíveis com o modo de vida tanto ocidental quanto oriental. Se vivermos como eremitas nas florestas, não conseguiremos viver higienicamente e talvez morramos de doenças. Se vivermos no mundo sem paz, talvez sucumbamos à angústia mental. Conserve Deus em seu coração onde quer que esteja, sorria ao compasso da alegria divina e trabalhe apenas em prol da Verdade.

Por que a reencarnação deve ser evitada

Como almas imortais, filhas de Deus, não devemos ser forçados a viver vidas indesejáveis na Terra por causa das más ações que perpetramos. Nossa morada é a onipresença: o reino de Deus onde não existem doenças e sofrimentos, apenas bem-aventurança. Lá não é como esta hospedaria da Terra, aonde viemos em busca de diversão mundana. Findo esse jogo passageiro, devemos nos preparar mentalmente para o regresso ao lar.

A reencarnação é criada pelas forças satânicas, que instila nas pessoas desejos e apegos destrutivos, convencendo-as a deixar o reino de felicidade de Deus para voltar repetidamente à Terra, que é a esfera das esperanças falsas, da desilusão, do luto e da ignorância.

O ego gosta de sua prisão corpórea

A reencarnação mantém as almas imortais longe de seu reino de onipresença, condenando-as à prisão apertada do corpo, sempre sujeita a doenças, acidentes e dores. Assim como alguns condenados se acostumam tanto às suas celas que não querem deixá-las ao final da pena, assim algumas almas onipresentes se apegam de tal forma ao corpo que já não querem sair desse cárcere, mesmo ao término da vida.

Almas livres como Jesus, Krishna e nosso grande guru Babaji podem visitar a prisão do mundo a fim de consolar as almas cativas, propiciando-lhes a volta a seu reino de felicidade imorredoura.

Opiniões abalizadas em favor da reencarnação

Duzentos milhões de hindus, quinhentos milhões de chineses, alguns milhões de japoneses* e um sem número de outras nacionalidades acreditam na reencarnação. Pitágoras, o grande poeta Emerson, empresários como Henry Ford e cientistas mundialmente famosos como Thomas Edison e Luther Burbank cultivam essa crença. Os mestres da Índia e também Jesus conheciam e endossavam a doutrina da reencarnação.

Jesus disse: "Em verdade, em verdade vos digo que Elias já veio e não o conheceram ..." "Então os discípulos entenderam que Ele lhes falava de João, o Batista" (Mateus, 17:12-13).

Nas palavras de Jesus, encontramos claramente enunciada a lei da reencarnação. O profeta Elias era uma alma num corpo; quando esse corpo pereceu, a alma subiu ao céu, voltou à Terra para mais encarnações e finalmente ocupou o corpo de João, o Batista. Essa passagem significaria outra coisa a não ser que Elias renasceu como João?

No Apocalipse, 3:12, lemos: "A quem vencer, eu o farei coluna no templo do meu Deus, e dele nunca sai-

* Escrito em 1934.

rá." Quem superar os desejos do corpo se tornará uma alma firme (coluna) na mansão da presença de Deus e não mais precisará voltar à Terra para buscar realizações mundanas.

Apocalipse, 2:7, declara: "Ao vencedor, dar-lhe-ei a comer da árvore da vida, que está no meio do paraíso de Deus." Aquele que vence os desejos do corpo não regressará à Terra para saborear os frutos agridoces da vida mundana, mas fruirá Deus, a "árvore da vida" que está enraizada para sempre no paraíso da felicidade divina e eterna.

A mais importante escritura hindu, o *Bhagavad Gita*, diz: "Eu, o Espírito Supremo, reencarnei várias vezes para edificar os opressores e redimir os virtuosos."

Assim como um homem, farto de determinada roupa, veste uma nova, assim a alma, deixando um corpo gasto, procura uma nova morada carnal.

Isaac Newton, Galileu e Júlio Verne anunciaram inúmeras verdades que conheciam de antemão. Galileu foi punido por saber e ensinar que a Terra é redonda, pois todos, na época, acreditavam que ela era plana.

Dessa mesma forma Jesus e outros sábios pressentiram a verdade da reencarnação. Quando as pessoas não compreendem uma verdade, só lhes resta confiar nos ensinamentos autorizados de "superfilhos" divinos como Cristo.

O que reencarna?

O corpo físico contém, ocultos, dois outros corpos: o astral e o espiritual (ideia).

Se pusermos um pouco de água salgada numa garrafa e a fecharmos, pondo em seguida esta dentro de outra maior, fechando-a também, esta dentro de uma terceira e as três, finalmente, no mar, a água salgada das garrafas internas não se misturará à água marinha quando a garrafa externa for quebrada. As três terão de partir-se para que sua água se misture ao oceano. De igual modo, o corpo físico encerra em si o corpo astral e o corpo ideacional ou causal; a alma é em seguida encapsulada dentro do corpo causal e tapada com a ignorância.

Assim, quando o corpo físico perece, a alma não fica imediatamente livre. Só encontrará a liberdade quando as rolhas da ignorância que tapam os corpos astral e causal forem também removidas, permitindo-lhe mesclar-se ao oceano do Espírito. Nós costumamos vestir três camadas de roupas: camisa, blusa e casaco; na morte, a alma se despe apenas do casaco do corpo físico.

Os três corpos

O corpo físico se compõe de dezesseis elementos metálicos e não metálicos pesados: ferro, fósforo, cloro, sódio, iodo, potássio, etc.

O corpo astral se compõe de elementos mentais, emocionais e biotrônicos, incluindo: inteligência; ego; sentimento; mente (consciência sensorial); cinco instrumentos de *conhecimento*, as contrapartidas sutis dos sentidos da visão, audição, olfato, paladar e tato; cinco instrumentos de *ação*, as correspondências mentais da capacidade de procriar, excretar, falar, andar e exercitar habilidades manuais; e cinco instrumentos de *força vital*, que exercem as funções corpóreas de cristalização, assimilação, eliminação, metabolização e circulação.

Se, por exemplo, a corrente cristalizadora no corpo se recusa a desempenhar sua função, sobrevém a tuberculose. Se a corrente circulatória trabalha irregularmente, prevalece uma condição de anemia.

O corpo causal consiste de ideias seminais correspondentes aos dezesseis elementos do corpo físico e aos dezenove do corpo astral. Deus criou primeiro todos os elementos dos corpos físico e astral sob a forma de ideias. Em seguida, eles se consubstanciaram, mediante vibração, nos elementos astrais e físicos. Antes de criar o ferro, o pensamento ou o sentimento, por exemplo, Ele os engendrou primeiro em Sua mente. No sonho, uma rocha e um lampejo de pensamento diferem apenas pelo tipo de ideias.

O corpo físico é destruído na morte, mas os desejos mundanos o recriam. A consciência governa toda criação material.

Como libertar a alma de seus três corpos

Primeiro, elimine os desejos terrenos; depois, pela meditação profunda, aprenda a destacar a alma da servidão dos três corpos, mergulhando-a no oceano do Espírito. Se puder fazer isso com a ajuda de um guru autêntico, enquanto estiver fisicamente vivo, conseguirá repetir o processo quando seu corpo físico perecer.

Motivos para a reencarnação

Se você transgride as regras da saúde comendo demais, é bem provável que renascerá com indigestão ou tendência a problemas gástricos e, consequentemente, à morte prematura. Depois de remir o karma da gula na próxima encarnação, na terceira talvez nasça com tendência a comer em excesso, mas viva o bastante para superar a cobiça, se essa for a sua escolha.

Bebês que morrem no ventre materno quase sempre passaram anteriormente por episódios de suicídio. Desprezaram a vida e, ao renascer, emitem espasmos de repulsa latente à possibilidade de voltar à vida, o que abala o corpo a tal ponto que este sucumbe ainda na fase embrionária. Aqueles que conquistaram riqueza, saúde, prosperidade, sabedoria ou espiritualidade em vidas passadas já nascem com certas vantagens. Da mesma maneira, os que se abismaram na pobreza, doença e ignorância por causa da negligência em vidas anteriores reproduzirão essas mesmas condições desde o início de sua nova existência.

A lei da ação, segundo a qual você colherá agora o que semeou na vida anterior, é uma lei justa e sábia. Poupa a Deus o estigma, imposto pelo homem, de ser um autocrata que cria alguns cérebros saudáveis e outros idiotas apenas por divertimento. A lei da ação explica as injustiças aparentes que se manifestam logo no começo da vida humana. Também dá esperanças a todos, pois o pecador é pecador não porque seus pais lhe transmitiram tendências pecaminosas, mas porque pecou em vidas passadas e por isso atraiu parentes que pecaram.

Dirão os médicos que João herdou sua insanidade de seu pai insano; o metafísico, porém, assegurará que João atraiu um pai insano nesta vida porque sua alma trouxe consigo, de uma vida passada, a tendência à insanidade. Basta essa doutrina para nos devolver a fé na justiça e na sabedoria das leis divinas que regem os passos dos homens.

Se uma pessoa vive cem anos, tem tempo para lutar contra o mal e tornar-se boa; mas se uma criança morre com a idade de cinco, esse prazo será curto para ela usar sua razão e livre-arbítrio a fim de vencer a batalha da vida. Essa criança morre em consequência de uma transgressão autoinfligida no passado. Terá de nascer outras vezes e cursar diversas escolas da vida até se educar no comportamento certo.

Se os bebês vão para o céu quando morrem, por que não eliminá-los a todos no berço e evitar assim que tenham de enfrentar a vida? Quando um bandido morre, não se torna anjo pela mera virtude da morte. As pessoas que cometem más ações e ainda assim esperam se transformar em anjos após a morte ficarão decepcionadas. Somos os mesmos antes e depois de uma noite de sono. Almas pecadoras ou virtuosas não mudam com a morte física.

Como almas, somos raios da luz divina. Às vezes nos ocultamos por trás das nuvens do pecado, tal qual o Sol por trás das nuvens do céu, mas não ficaremos lá por toda a eternidade. Nem todos os pecados do universo destruiriam nossa luminosidade essencial; cabe-nos remover as pesadas nuvens da ignorância e manifestar de novo nossa luz perene.

Não é porque algum dia seremos redimidos que podemos nos demorar pelo caminho. Seria grande insensatez, pois o pecado é muito doloroso. Para que sofrer voluntariamente durante milênios só por ignorância?

Por que o fato de ignorarmos as vidas passadas nada prova contra a reencarnação

A lembrança não prova a preexistência. Não recordamos os nove meses de nossa vida como embriões nem nossa fase inicial como bebês. Como então nos lembraríamos do tempo em que habitamos outro corpo, com outro cérebro, outro sistema nervoso, outra aparência?

Bom é que esqueçamos as duras experiências na escola das vidas passadas, pois não gostaríamos de ser de novo hipnotizados por essas tribulações. Se nos lembrássemos de todas elas, não nos sentiríamos propensos a ser bons de novo e a repetição nos enfadaria; ou, então, acreditaríamos ser difícil demais nos reformarmos, caso o desejássemos. Se evocássemos nossos dias de infância, nossa juventude e nossa velhice, não gostaríamos de reviver as historinhas da infância, as comédias da juventude e as tragédias da velhice.

Como a reencarnação é bem-vinda! Ela transforma em sucata o velho carro de nossa vida e nos dá um modelo novo para tentarmos, ao menos, vencer a corrida da existência!

Todos os criminosos, assassinos e homens de má reputação, por piores que sejam na Terra, podem voltar sob nova forma, prontos a recomeçar, saudados e encorajados por novos amigos em novas circunstâncias.

Indícios de reencarnação

Alguns ocidentais, americanos principalmente, agem como os hindus mais espiritualizados e muitos hindus agem como os empresários americanos mais empedernidos. Hindus espiritualizados têm assumido corpos americanos para, segundo o plano divino, espiritualizar a América. Do mesmo modo, americanos que amam hindus materialmente pobres, mas espiritualmente ricos, optam por nascer na Índia a fim de resgatá-la.

Puxando bem pela memória, tente enumerar suas primeiras tendências puras. Amava o incenso e a filosofia oriental ou as ferramentas e as máquinas? Essas vocações antigas, isoladas das que foram adquiridas na existência atual, ajudarão você a descobrir seu passado.

Não raro conhecemos famílias cujos membros estão sempre brigando; foram inimigos em outra vida e implantaram o ódio mútuo em seus corações. Como a lei da atração envolve tanto o amor quanto o ódio, a natureza reuniu essas almas inimigas para continuarem se digladiando na arena estreita de uma pequena casa. Portanto, cuidado! Não atraia seu inimigo nem as más qualidades dele concentrando-se nessa imagem graças ao rancor que lhe devota.

Um processo demorado

A reencarnação principia na fase de cristalização. Atinge o nível humano de existência após oito milhões de vidas. É o tempo que a alma leva evoluindo até poder nascer no corpo de um homem. A matéria sufoca o Espírito, que sempre procura reformá-la a partir de dentro, estimulando-lhe a evolução.

Metais, vegetais e seres humanos: corpos diferentes, alma idêntica. A reencarnação é o processo pelo qual o Espírito retorna a si mesmo – da multiplicidade à unidade.

A ORIGEM DA REENCARNAÇÃO

Deus fez o homem imortal. Queria que, como imortal, ele vivesse na Terra. O homem deveria contemplar o drama da mudança com uma consciência perene e, após se dar conta da dança da mutabilidade sendo ele próprio imutável, volver ao seio da beatitude eterna. Mas o mal se insinuou. Induziu o homem a concentrar-se nas mudanças da vida, nas aparências externas e não na imortalidade inerente a todas as coisas. Com isso surgiu a falsa ideia da morte como fim absoluto.

Como calar a ideia da morte

O filme da vida humana – nascimento, permanência na Terra, morte – mostra alegria no começo e tristeza no fim. A ignorância satânica, porém, oculta aos olhos do homem os filmes de sua preexistência, quando ele descia alegre do seio de Deus e voltava contente para as esferas superiores, após a morte. Satã nos fez esquecer nossas experiências anteriores e posteriores ao nascimento mostrando-nos, de passagem, o drama da vida e baixando logo a cortina para nos impingir um conceito errôneo da morte.

Afirmar que a morte ou a mudança não existem seria absurdo, mas eu considero a morte apenas um elo externo na cadeia da imortalidade, cujo resto escapa à nossa vista. A fim de combater a ilusão da morte, o homem deve contemplar toda mudança como simples movimentação no seio da imutabilidade.

Morte sobrenatural versus *morte dolorosa*

Se Adão e Eva não houvessem contrariado os desejos de Deus, e seus descendentes não se deixassem influenciar pela ignorância hereditária, o homem moderno não presenciaria mortes dolorosas por doença e acidente.

O homem surgiu na Terra materializado por Deus e aqui deveria viver gozando o nascimento, o crescimento e o retorno indolor do corpo à perfeição absoluta. Assim como é possível, num filme, acompanhar o lento processo de uma flor desabrochando, abrindo-se e murchando, assim o homem deveria contemplar sua vida passando na tela de sua consciência desde a infância até a maturidade e depois desaparecer em Deus por vontade própria, graças ao seu próprio poder de desmaterialização.

O homem, desligando-se de Deus, perdeu a capacidade de desmaterializar-se. Assusta-se, pois, com o filme dinâmico da vida e ressente-se da ameaça de vê-lo interrompido prematuramente. A interrupção súbita do filme da vida gera sofrimento por causa do apego a essas imagens da carne e da consciência. No entender das pessoas mundanas, ela é uma morte terrível.

Nós, mortais, nutrimos tantas concepções errôneas a respeito da morte que ela se implantou em nossa mente como símbolo da extinção e da dor, em vez de ser vista como fenômeno necessário para que a alma passe do estado de mudança para o estado de imutabilidade.

Como a reencarnação foi criada por Satã

Satã percebeu que, se os filhos imortais de Deus vivessem uma vida terrena perfeita, com uma atitude imutável, logo retornariam ao estado de imortalidade. Desse modo, o domínio de Satã sobre a Terra cessaria. Assim, procurou imiscuir-se no quadro perfeito da vida e, por meio do engodo, suscitar sofrimento físico e mental. As tribulações que se seguiram provocaram insatisfação, alimentando no homem o desejo de gozar uma existência sem dores.

Os filhos imortais de Deus perderam a noção de sua imortalidade perfeita e passaram a cobiçar a perfeição mortal ilusória. A ânsia de satisfação humana fê-los reencarnar repetidamente, conforme a lei de causa e efeito que governa os desejos. Essa lei, a lei do karma (ação), manteve as almas aprisionadas na Terra, no reino finito de Satã.

Como destruir a reencarnação

As almas imortais só encontrarão a liberdade destruindo de vez as sementes dos desejos mundanos, por meio do contato com Deus na meditação. Esta faz com que a alma se lembre da completa realização na herança imortal da bem-aventurança e torna desnecessários – ridículos mesmo – quaisquer apelos aos meios terrenos.

O conhecimento da totalidade

Podemos também nos livrar da reencarnação interpretando o drama de uma vida perfeita de saúde, abundância e sabedoria na tela da consciência. Por exemplo, se conseguirmos remover a consciência da doença e não temer a doença quando ela nos aflige, ou não desejar a saúde quando a saúde nos falta, nos restará a alma, que está sempre bem. Em outras palavras, a serenidade é a chave para nos livrarmos da necessidade da reencarnação. Se soubermos e sentirmos que, como filhos de Deus, temos tudo o que Ele possui, quer sejamos exteriormente pobres ou ricos, conquistaremos a liberdade. Se percebermos que temos o conhecimento divino por sermos feitos à imagem e semelhança de Deus, embora humanamente falando saibamos pouco, poderemos nos livrar da reencarnação.

O medo da doença e o desejo de saúde física, o terror da pobreza e o sonho de opulência, a constatação de que não sabemos nada e o anseio de saber tudo – isso pertence ao domínio da ignorância. Sem dúvida, se somos afetados pela doença, o malogro ou a estupidez, não precisamos continuar nessas condições. Podemos lutar pela saúde, a prosperidade e a sabedoria sem recear o fracasso. Mas o desapego e a serenidade serão imprescindíveis em todos os momentos.

As imperfeições são ilusórias

Enquanto luta, o homem deve ter em mente que seu esforço em prol da saúde, prosperidade e sabedoria nasce da ilusão, pois ele já possui tudo aquilo de que necessita em seu Eu todo-poderoso. A ideia equivocada de que não possui tais coisas é a fonte desse senso de carência. Só lhe falta reconhecer que já são suas.

Era uma vez um príncipe saudável, rico e sábio que sonhou que era pobre. No sonho, bradou: "Ai, estou com câncer e perdi toda a minha sabedoria, todas as minhas posses!" A esposa, a rainha, despertou e sacudiu-o: "Príncipe", disse ela, "ria e se rejubile, pois nem está doente nem perdeu a riqueza e o conhecimento. Está estendido confortavelmente ao meu lado, saudável e cheio de sabedoria, em seu reino próspero. Apenas sonhou com essas catástrofes."

Passa-se o mesmo com o homem ignorante. Teme a carência e o fracasso quando pode proclamar seu direito de nascença à alegria, à fortuna e à abundância como filho do Governante do universo. Em pleno reino da perfeição divina, sonha com a imperfeição!

Conheça Deus primeiro

O desejo incessante de saúde e prosperidade, tão repisado nas modernas organizações espirituais, é o caminho para a escravidão. Primeiro devemos buscar Deus, encontrar Nele nossa prosperidade e saúde. Os mendigos só ganham esmolas, mas um filho de Deus recebe uma herança de primogênito. Por isso Jesus ensinou que busquemos em primeiro lugar o reino de Deus. Feito isso, saúde e prosperidade virão por si mesmas. A aquisição de sabedoria e tudo o mais de que a alma do homem necessita dar-se-á como um direito divino de nascença.

Melhor é sentir, pela visualização e pelo contato divino na meditação, que você já goza de saúde perfeita, sabedoria e abundância, em vez de tentar vencer implorando abundância, sabedoria e saúde. Na verdade, os esforços do homem na Terra são condicionados pela lei de causa e efeito. O homem não pode ter mais do que merece. Nenhum ser humano conseguirá satisfazer todos os seus desejos recorrendo à mendicância; precisará, primeiro, constatar sua unicidade com Deus para possuir aquilo de que necessita.

Não obtemos a imortalidade apenas desejando-a ou implorando por ela. Devemos reconhecer que já somos imortais e que a chamada morte não passa de um sonho.

Segundo o projeto de Deus, o homem passaria da infância à juventude e daí à maturidade, mas nunca morreria por causa da velhice ou da doença. Ainda que envelhecesse, jamais adoeceria ou enfrentaria uma morte penosa. No drama da vida e da morte, inspirado pelo entendimento divino, só o que há é a projeção ou a interrupção, à vontade, do filme da existência, sem padecimentos físicos ou mentais.

A origem da dor

A energia que flui externamente e forceja por manter todas as coisas na esfera da manifestação – Satã – notou que, sem dor, as pessoas não nutririam desejos capazes de mantê-las na Terra, por isso criou a ilusão do sofrimento, que é um fenômeno puramente mental.

Satã, entretanto, trabalha contra seus próprios objetivos porque a dor física e a tristeza é que induzem as almas presas à matéria a buscar sua liberdade em Deus. A alma pura de uma criança sente pouquíssima dor. O médico de uma clínica de ortopedia, amigo meu, disse-me que as crianças competem umas com as outras para ser operadas de seus membros deformados, enquanto os adultos levam semanas para ser convencidos – e, no momento da cirurgia, estão quase sempre tomados pela emoção e o medo.

Felizmente, o homem descobriu a anestesia para neutralizar a dor. No princípio, ele tinha muito autocontrole e uma mente impessoal, sem apegos, de sorte que não sentia dores quando seu corpo era lesionado. Observava-se com alheamento, assim como assistimos à operação de outra pessoa sem ficar mentalmente excitados ou afligidos por sofrimento físico.

Quem não é medroso nem nervoso sofre menos dor. O filho pouco sensível de um roceiro durão sente menos dor física que o filho cheio de melindres do ricaço.

Satã é personagem do drama divino

Não podem existir duas causas absolutas no universo. Satã é personagem do drama divino. Sua participação é necessária, como o vilão é necessário numa peça de teatro. O mal é o véu que esconde Deus, o ímã que tenta atrair a mente para longe Dele. O bem ajuda a tornar manifesta a realidade divina, tal qual a brisa dissipando a fumaça que oculta a fogueira.

No reino da dualidade, contudo, tanto o bem quanto o mal existem. Deus, o Espírito Supremo, está além de um e outro. Sendo onisciente, Ele conhece a ambos em igual medida – o mal e o bem. Este, todavia, revela com maior clareza, para a mente, a existência da beatitude, que estando acima da relatividade pode ser descrita como o bem absoluto. A força satânica, por outro lado, uma vez cônscia de si mesma, procura deliberadamente esconder dos olhos do homem a luz sempre fulgurante da divindade.

A reencarnação em poucas palavras

Havia um homem que amava a Deus e conquistara algum progresso espiritual, mas ainda nutria uns poucos desejos terrenos irrealizados. No fim da vida, um anjo lhe apareceu e perguntou: "Que mais você quer?"

O homem respondeu: "A vida inteira fui fraco, magricela e doentio. Na próxima vida quero nascer com um corpo robusto e saudável."

Na próxima vida nasceu de fato forte, grande e cheio de saúde. Mas era pobre e achava difícil alimentar devidamente aquele corpanzil. Por fim – sempre faminto –, chegou a sua hora. O anjo lhe apareceu de novo e perguntou: "Que mais você quer?"

E ele replicou: "Na próxima vida quero um corpo robusto e saudável, mas também uma polpuda conta bancária!"

Na próxima vida nasceu forte, cheio de saúde e rico. Com o tempo, porém, pôs-se a lamentar não ter ninguém com quem partilhar a sua boa sorte. Quando a morte veio, o anjo perguntou: "Que mais você quer?"

"Na próxima vida quero um corpo robusto, saudável, muito dinheiro e uma boa esposa."

Na próxima vida recebeu tudo isso. A esposa era de fato uma boa mulher. Infelizmente, morreu jovem. Pelo resto de seus dias, o homem chorou sua perda. Reverenciava suas luvas, seus sapatos e outras lembranças que considerava muito preciosas. Estando a morrer de saudade, o anjo lhe apareceu novamente e perguntou: "E agora?"

"Da próxima vez quero ser forte, saudável e rico, com uma esposa boa que viva por muito tempo."

"Tem certeza de que pediu tudo?", perguntou o anjo.

"Sim. É quanto me basta."

Na próxima vida teve o que pedira, inclusive a boa mulher que viveu por muito tempo. Problema: tempo demais! Com o passar dos anos, ele foi ficando enfeitiçado por sua jovem secretária, que acabou pondo no lugar da esposa! A garota só queria seu dinheiro, e quando o conseguiu, fugiu para bem longe com um rapazinho. Por fim, estando nosso homem em seu leito de morte, o anjo lhe perguntou: "E desta vez, que será?"

"Nada!", resmungou ele. "Nunca mais! Aprendi a lição: em tudo o que conquistamos, há sempre uma armadilha. Daqui por diante, seja eu rico ou pobre, saudável ou doente, casado ou solteiro, esteja na Terra ou no plano astral, só o que quero é ficar com o Pai divino. Só existe perfeição junto Dele!"

Provas científicas da reencarnação

Se você acreditar num Deus justo, acreditará necessariamente na reencarnação, pois essas duas crenças dependem uma da outra. Mas que dizer dos céticos e ateus? Poderá a reencarnação ser provada cientificamente e convencê-los?

Os homens de ciência materialistas alegam que jamais encontraram uma prova da existência de Deus e, portanto, não podem atestar a realidade de Sua lei justa, que dá a todas as formas de vida uma chance igual de se aperfeiçoarem por meio da reencarnação. Para esses cientistas, o sofrimento de bebês inocentes e outras desigualdades da vida parecem inexplicáveis, pressupondo a ausência da justiça divina.

Lei científica

Por outro lado, muitas pessoas que acreditam num Deus justo baseiam sua fé apenas na religião e não têm prova científica alguma para apresentar aos descrentes. Pela maior parte, não se dão o trabalho de pesquisar ou questionar a fundo sua fé, por medo de perdê-la ou criar mal-estar social. Em suma, não conhecem nenhuma lei espiritual científica que possa justificar suas crenças.

Por que não investigar a lei espiritual com os mesmos métodos experimentais usados pelos cientistas na busca de verdades físicas? Essa pergunta foi feita há séculos pelos sábios hindus, que se impuseram a tarefa de lhe dar resposta. Seus experimentos resultaram em métodos científicos que todos podem aplicar para descobrir a realidade da lei espiritual, portanto da reencarnação e de muitas outras grandes verdades cósmicas.

Uma vez que esses métodos existem, ninguém tem o direito de dizer que a reencarnação e outras leis espirituais não operam até utilizá-los e examinar os resultados. O cientista tem qualificações para emitir uma opinião, mas esta permanecerá uma opinião e não um fato.

Na ciência física, é preciso adotar e aplicar certos métodos a fim de demonstrar a verdade de uma dada teoria. Os germes não são visíveis a olho nu: sua presença só pode ser detectada com um microscópio. Se a pessoa não quiser olhar pelas lentes, não poderá dizer que testou cientificamente a teoria segundo a qual os germes existem. Sua opinião não terá, pois, nenhum valor, já que ele não seguiu as normas prescritas para chegar à verdade da teoria. O mesmo se dá com as coisas espirituais. A metodologia foi estabelecida, as regras foram explicitadas: os resultados estão ao alcance de quem se interessar pelo experimento.

No Ocidente, onde não há um tratamento científico da lei espiritual, o valor da religião diminuiu muito como elemento decisivo na vida das pessoas; aceitam-se ou repelem-se crenças com base unicamente em tendências pessoais, nunca em resultado de uma investigação científica.

Experimentos com a consciência humana

Os Grandes Mestres da antiga Índia descobriram leis cósmicas inalteráveis mediante experimentos com a vida e os pensamentos do homem, nos laboratórios de seus retiros. Para atinar com a verdade das coisas físicas, precisamos experimentar com substâncias físicas. Para determinar a verdade da reencarnação, ou passagem da alma por vários corpos, é necessário pesquisar a consciência do homem.

Esses cientistas antigos concluíram que o ego humano (a alma identificada com o corpo) sobrevive a todas as mudanças da experiência e do pensamento durante o estado de vigília, sonho e sono profundo ao longo da existência. Experiências mudam; ambiente, sensações, ideias e condição física mudam – mas o senso de identidade, de "eu", não se altera do nascimento à morte. Assim, os pesquisadores hindus aventaram que, se nos concentrarmos no ego graças a uma introspecção constante e consciente, ou a uma observação dos vários estados mutáveis da vida – vigília, sonho ou sono profundo –, perceberemos a natureza imutável e eterna do ego.

Em geral, temos consciência de estar acordados e, às vezes, de estar sonhando. Não raro as pessoas se dão conta, em pleno sonho, de que apenas sonham. Por isso, recorrendo a certos métodos e práticas, elas podem tomar consciência de qualquer estado: sono, sonho e sono profundo, "sem sonhos".

Relaxamento no sono

Durante o sono, há um relaxamento involuntário da energia produzida pelos nervos motores e sensoriais. Por meio de práticas de meditação do yoga, pode-se alcançar esse estado também em plena vigília, voluntariamente. No "grande sono" da morte, há ainda mais relaxamento: a energia se retira do coração e do eixo cerebroespinal. Entretanto, graças a certas práticas do yoga, esse relaxamento pode ser produzido conscientemente no estado de vigília. Em outras palavras, toda função involuntária pode se tornar voluntária e consciente por meio da prática.

Os antigos hindus descobriram que a morte consiste na retirada da eletricidade vital da lâmpada da carne humana, que contém os fios dos nervos sensoriais e motores, para os diferentes canais que conduzem ao exterior. Assim como a eletricidade não morre quando uma lâmpada se quebra, assim a energia da vida não é aniquilada quando se retira dos nervos involuntários. Ela se mistura, por ocasião da morte, à Energia Cósmica.

Interrupção da corrente

No sono, a mente consciente para de funcionar – a corrente é interrompida, por algum tempo, nos nervos. Na morte, a consciência humana deixa de se exprimir, permanentemente, através do corpo. É como se a pessoa tivesse um membro paralisado – preserva a consciência desse membro, mas não consegue movimentá-lo.

Os arquivos médicos citam o caso de um clérigo que certa vez entrou em coma (suspensão da função anímica). Ouvia, à sua volta, todos lamentando sua morte aparente, mas não conseguia exprimir-se por meio dos órgãos físicos. O motor de seu corpo "morrera" e não obedecia mais ao seu comando mental. Por fim, quando os amigos já se dispunham a levá-lo para ser embalsamado, fez um esforço supremo e conseguiu se mexer após 24 horas de morte aparente. O fato ilustra a persistência da percepção do "eu", ou identidade pessoal, mesmo quando o corpo parece morto.

Os mestres hindus recomendam que aprendamos a separar a energia e a percepção do corpo, conscientemente. Devemos, com plena consciência, observar o estado de sono e praticar a retirada da energia do coração e da espinha. Assim, faremos conscientemente o que, de outro modo, a morte nos forçará a fazer inconsciente e involuntariamente.

Um caso impressionante

Há o caso, nos arquivos dos médicos europeus, de um homem chamado Sadhu Haridas, que conseguia isolar sua energia e consciência do corpo, e depois de vários meses reconectava essas entidades. Enterraram-no experimentalmente e a área passou a ser vigiada dia e noite, semanas a fio. Findo esse tempo, o corpo foi retirado e examinado por médicos europeus, que o declararam morto. Mas após alguns minutos Sadhu Haridas abriu os olhos, retomou o controle sobre as funções orgânicas e ainda viveu por muitos anos. Ele apenas aprendera, pela prática, a dominar as funções involuntárias do corpo e da mente. Era um cientista espiritual que usou os métodos prescritos para conhecer a verdade da lei cósmica. Em consequência, pôde demonstrar a veracidade da teoria da persistência da identidade pessoal e a natureza eterna do princípio da vida.

Quem quiser conhecer a verdade científica da doutrina da reencarnação deve seguir as regras prescritas há séculos pelos sábios hindus e aprender a desconectar-se conscientemente – não passivamente, como durante o sono – dos cinco sentidos. E deve ainda aprender a controlar as pulsações cardíacas, ou seja, experimentar a morte consciente ou suspensão da função anímica. Nisso consiste a arte de separar a alma do corpo.

Seguir as práticas

Seguindo as práticas que conduzem aos resultados acima, podemos acompanhar o ego ao longo de todos os estados existenciais. Podemos, conscientemente, segui-lo na morte, no espaço, na passagem para outros corpos e para outros mundos. Quem não aprende tais coisas não consegue preservar seu senso de identidade pessoal, de percepção ou consciência, durante o grande sono da morte; não consegue, portanto, recordar nenhum estado anterior, nem sequer os estados de sono profundo em sua existência atual.

Adotando os métodos dos antigos cientistas hindus, que puseram à prova essas leis e, assim, deram ao mundo um conhecimento inestimável e certo, chegaremos à verdade científica da reencarnação e a outras verdades eternas.

O caminho para a liberdade

Somente as almas evoluídas, que podem viver sem respiração e batimentos cardíacos, experimentam conscientemente o estado de morte, em que os pulmões e o coração deixam de funcionar. Almas comuns ficam inconscientes quando param de respirar. As evoluídas visitam, com plena lucidez, o mundo astral, que é a etapa seguinte à morte. Portanto, praticar a suspensão da respiração é uma exigência, um passaporte para a entrada consciente no mundo espiritual.

O problema da reencarnação é o maior dos mistérios, pois a natureza não quer desencorajar as almas pouco evoluídas. Os homens superiores recordam seu passado. Eu já sabia, na infância, que deveria seguir o caminho espiritual e que galáxias de almas iriam povoar minha existência.

A reencarnação exige que as almas transitem pelos reinos mineral, vegetal, animal e humano, ocupando corpos pardos, brancos, negros, amarelos e vermelhos para que transcendam o confinamento a um único corpo ou raça e aprendam a ver-se como filhos de Deus presentes em todas as coisas.

Enquanto a pessoa alimentar ódio e desprezo em seu coração, vagará sem descanso pelos longos corredores da reencarnação. Depois de oito milhões de existências, a vida humana, segundo os mestres hindus, é finalmente alcançada. Não desdenhe esse prêmio tão custosamente obtido com ações insensatas no lamaçal dos prazeres sensuais e da ignorância; entenda que a vida humana lhe dá a chance, pela percepção da unicidade com o Espírito onipresente e pelo senso de fraternidade com todas as criaturas, de conhecer-se como alguém que não pertence inteiramente a nada e a nenhuma raça, mas a tudo e à criação inteira.

Quando você compreender que estrelas, nuvens, pássaros, feras, homens e párias são seus parentes consanguíneos, e quando seu coração pulsar em harmonia com os deles, não mais precisará reencarnar. Poderá ir livremente a qualquer parte e escancarar as portas multicoloridas da sabedoria para que todas as formas de vida sofredoras, animadas ou inanimadas, tenham acesso à liberdade perene de Deus.

Libertação da reencarnação

O *Bhagavad Gita* descreve a reencarnação como uma roda em constante movimento. Para escapar a ela, você precisa desejar ardorosamente a liberdade, pois só assim Deus o tornará livre. Mas o desejo tem que ser intenso. Se for, e se você estiver determinado a não mais brincar no mundo, o Pai o libertará. Ele procura mantê-lo na Terra para testá-lo; mas, em Seu aspecto superior, como Amor Cósmico, detesta esse espetáculo e quer que você saia logo do palco. E por que não o libertaria ao ver que você realmente só deseja estar a Seu lado, longe do espetáculo que Ele montou, e só aspira à liberdade em Seu seio?

A mesma essência – vida consciente – está no homem e na árvore. A árvore, porém, é o que é, ao passo que nosso livre-arbítrio pode fazer de nós o que quisermos. Só o sábio percebe onde a predestinação termina e o livre-arbítrio começa. Por enquanto, você tem de procurar fazer o melhor, conforme o nível de sua compreensão. Deve aspirar à liberdade como o homem que se afoga anseia por ar. Sem essa aspiração sincera, jamais encontrará Deus. Deseje-O acima de todas as coisas. Deseje-O para partilhá-Lo com o mundo: esse é o maior dos desejos.

Entrementes, tente superar os pares de opostos: prazer e dor, calor e frio, doença e saúde. Livre-se da consciência de individualidade, não mais se sinta separado de tudo e de todos. Mantenha a mente concentrada em Deus. No íntimo, permaneça sereno como o Espírito imóvel que você quer ser. Você já o é. Essa bênção é sua verdadeira natureza.